DES RÈGLES

POUR UN MONDE MEILLEUR

Collection
(NE ME CROYEZ PAS !)
Tome 4

© 2026 par Patrick Lalevée

Design de couverture : © Patrick Lalevée
Création Graphique : © Sara Lalevée Robert

Édition : BoD · Books on Demand, 31 avenue Saint-Rémy, 57600 Forbach, bod@bod.fr

Impression : Libri Plureos GmbH, Friedensallee 273, 22763 Hambourg (Allemagne)

www.patricklalevee.com

Dépôt légal : Décembre 2024
ISBN : 978-2-3225-1648-3

Patrick Lalevée

DES RÊGLES POUR UN MONDE MEILLEUR

Collection
(NE ME CROYEZ PAS !)
Tome 4

« Cette œuvre est protégée par le droit d'auteur et strictement réservée à l'usage privé du client. Toute représentation ou reproduction intégrale ou partielle faite par quelque procédé que ce soit, au profit de tiers, à titre gratuit ou onéreux, sans le consentement de l'auteur ou de ses ayants cause, est strictement interdit et constitue une contrefaçon sanctionnée par les articles L 335-2 et suivants du Code de la propriété intellectuelle. L'Auteur se réserve le droit de poursuivre toute atteinte à ses droits de propriété intellectuelle devant les juridictions civiles ou pénales. »

INFORMATION !

Vous avez entre les mains un ouvrage vous permettant de comprendre avec précision la réalité d'un évènement que nous avons tous vécu. Les investigations menées avec minutie sur le plan local et international, mettent en évidence la réalité de la société actuelle. Les chapitres de **« *Des règles pour un monde meilleur* »**, que vous vous apprêtez à lire, n'ont pas d'ordre de lecture. Vous pouvez ainsi, les lires dans le désordre sans dénaturer la qualité du chapitre ou la compréhension globale de l'ouvrage.

Avec ce QR Code, trouver toutes les cartes et images de cet ouvrage en couleur Grand Format :

Adresse du site de l'ouvrage :
https//www.patricklalevee.com

L'auteur

Arrivé au terme de cette collection, **Patrick Lalevée** prend un instant pour regarder le chemin parcouru. De l'imaginaire débordant de son adolescence aux analyses critiques du monde contemporain, une même idée l'accompagne depuis toujours, comprendre pour mieux construire.

Dans ce dernier tome, il ne s'agit plus seulement de constater ou d'analyser. L'auteur se projette. Il s'interroge sur les règles, les principes et les valeurs qui pourraient permettre une société plus équilibrée et plus humaine. Non pas des règles imposées d'en haut, mais des bases de réflexion accessibles à tous.

À travers son écriture, Patrick Lalevée invite le lecteur à devenir acteur de sa propre réflexion. Car un monde meilleur ne naît pas du silence, mais du dialogue, du questionnement et de la volonté collective d'avancer.

Après tout, si l'on n'imagine pas d'alternatives, comment pourraient-elles :exister ?

Dans la même collection \

NE ME CROYEZ PAS !

Tome 1 : Liberté, surpopulation et décadence 2020-2120
Tome 2 : Covid 19, la manipulation Française
Tome 3 : Justice, l'intérêt d'un ordre mondial
Tome 4 : Des règles pour un monde meilleur

Mais comment en est-on arrivé là ?

[Toutes les cartes et images de cet ouvrage sont disponibles en couleur Grand Format sur le site : **https//www.patricklalevee.com**]

Sans aucune règle, l'anarchie domine ! Sans éducation, la violence explose ! Sans régulation, le monde s'étouffe !

Patrick Lalevée

Avant-propos

Dans le tome 3 de la collection : *Justice, l'intérêt d'un ordre mondial*, nous avons apporté de nombreuses précisions sur les méthodes permettant de rétablir un équilibre dans le monde actuel. Les tomes 1, 2 et 3 ont exploré le **POURQUOI**. Pourquoi notre monde vacille, pourquoi les crises se répètent, pourquoi les tensions persistent.

Ce quatrième tome est consacré au **COMMENT**.

Il ne s'agit plus seulement d'observer, d'analyser ou de comprendre la défaillance de nos systèmes. Il s'agit désormais d'agir. De proposer des règles, des structures et des principes capables d'apporter la stabilité, la justice et la cohérence à l'échelle mondiale. Une évidence s'impose. Notre monde traverse des déséquilibres profonds. Mais, l'histoire nous enseigne que les sociétés n'évoluent que lorsqu'elles prennent conscience de leurs erreurs et décident collectivement de progresser.

Le monde va mal, mais rien n'est irréversible tant que la volonté et la lucidité demeurent. Il est le reflet de nos choix, de nos silences et parfois de notre résignation. Pour établir des règles communes à l'échelle mondiale, nous devons impérativement disposer d'une vision structurée et claire. D'un plan. Rester immobile face aux problèmes ne les résout pas. Il faut adopter une vision plus large. Voir large, c'est voir à l'échelle du monde. Si nous ne participons pas aujourd'hui dans l'élaboration des règles de demain, avec intelligence et bienveillance, d'autres le feront à notre place. Nous serions alors condamnés à subir un ordre qui ne servirait ni la justice, ni la protection des peuples.

Anticiper plutôt que subir, prévoir plutôt que réparer, construire plutôt que corriger dans l'urgence. Tout est une question de perspective. Combien de drames auraient pu être évités avec davantage de coordination et de lucidité ? Sans anticipation, nous resterons les éternelles victimes d'événements imprévus, contraints d'agir dans la précipitation avec des moyens que nous n'avons pas. Ce n'est plus acceptable. Il est temps de préparer notre avenir plutôt que de laisser les autres le décider à notre place.

Ce livre propose d'ouvrir ce chantier.

Dans le tome 1 de la collection *Ne me croyez pas !*, vous avez découvert les déséquilibres sociétaux. Dans le tome 2, vous avez traversé une crise majeure.

Dans le tome 3, vous avez exploré les fondations d'un ordre plus juste.

Avec le tome 4, nous franchissons l'étape de la construction. Il ne s'agit pas d'imposer, mais de stimuler une réflexion commune. Il ne s'agit pas ici d'une utopie, mais d'une nécessité d'organisation. Il ne s'agit pas de rêver le monde, mais de lui donner une structure.

Alors la question demeure. Préférons-nous attendre que les décisions soient prises sans nous, ou voulons-nous participer activement à l'élaboration de règles communes, pensées avec intelligence, équité et responsabilité ?

14

CHAPITRE I

Comprendre l'Homme pour Éviter la Guerre.

> *« Dans le monde, les enfants naissent avec les mêmes besoins, la même innocence et la même capacité à aimer. Leur bienveillance est naturelle, spontanée et universelle. Pourtant, au fil du temps, les influences, les erreurs, les manques d'éducation ou les circonstances de la vie les transforment, et certains finissent par s'égarer jusqu'à l'âge adulte et parfois jusqu'à la prison. »*

Notre planète est une source de miracles, avec des paysages grandioses où l'Homme cherche à s'épanouir grâce à son inventivité. Depuis des millénaires, les peuples échangent, imitent, transforment et améliorent les techniques venues d'ailleurs. Bien que les nations conservent des variantes architecturales et culturelles liées à leur histoire, l'évolution des communications et des échanges tend naturellement vers un rapprochement des modes de vie, des habitudes et même des cultures culinaires.

Grâce à Internet, l'information circule abondamment. Elle permet au monde de s'uniformiser par le savoir disponible et proposé par ses congénères. Ce partage mondial des connaissances permet à chacun d'accéder à des techniques, des idées et des savoir-faire autrefois réservés à quelques régions. Le partage des connaissances profite à ceux qui les utilisent, et cela s'articule dans tous les domaines. Celui des techniques de construction, du bricolage, de la mécanique, de l'agriculture, de la décoration, des recettes de cuisine et même des sciences.

Par exemple, sur le plan culinaire, la glace italienne, qui fut jadis l'une des meilleures du monde, est aujourd'hui le savoir-faire d'un bon nombre de pays. Les spécialités voyagent, se transforment et s'enrichissent au contact des autres cultures. Ainsi, le meilleur est largement propagé pour le plaisir de chacun. Il en va de même pour le vin français, largement copié et réparti sur l'ensemble du globe. Cet enrichissement mutuel se retrouve également dans des spécialités comme la poutine canadienne, le couscous marocain, la moussaka grecque, les sashimis du Japon, la chakchouka tunisienne, le thiéboudienne sénégalais, la feijoada brésilienne, la pizza italienne ou la paella d'espagne. Cette diversité accessible partout montre que les cultures ne s'opposent pas. Elles se complètent.

Dans les grandes villes touristiques, si vous prenez le temps de regarder autour de vous, vous remarquerez une particularité chez les gens qui vous entourent. Ces visiteurs viennent seuls, en couple, en famille ou pour faire des affaires. Ils sont ici pour découvrir le lieu et sa culture, pour y dormir, manger, consommer, acheter des souvenirs et prendre des photos par centaines. Sur leurs visages, vous pourrez distinguer le bonheur, la joie, entendre les rires, l'enthousiasme devant une œuvre et l'émerveillement face à l'immensité d'un monument.

Si vous êtes observateur, vous pourrez aussi distinguer l'origine de chacune de ces personnes, par leur langage et leur apparence. Chacun vient d'un endroit différent dans le monde, et pourtant, ils sont ici, ensemble, marchant dans la même rue, sur le même trottoir. Ils partagent le même instant, la même curiosité et le même désir de beauté. Ils aiment contempler les mêmes monuments, les mêmes tableaux et manger les mêmes glaces. Ils regardent dans la même direction, et c'est beau. Quelle que soit leur origine, dans leurs différences, ils se ressemblent tous. Ce multiculturalisme vivant prouve que la cohabitation pacifique n'est pas une utopie, mais une réalité quotidienne.

« Cette réalité constitue la base de l'anti-conflit ! »

Quelle que soit notre origine, nous sommes tous identiques dans l'essentiel. Nous ressentons les mêmes émotions fondamentales. La peur, la joie, l'amour, l'espoir et la douleur. Nous avons les mêmes sensibilités, les mêmes besoins, les mêmes angoisses, les mêmes passions, les mêmes rires et les mêmes envies de souvenirs.

À leur tour, leurs pays respectifs nous invitent aussi chez eux, à la découverte de leurs œuvres, de leurs savoir-faire et de leurs paysages. Nombreux sont les pays qui ont compris la nécessité de s'ouvrir aux autres et de favoriser les échanges. Les pays les plus visités au monde, tels que la France, l'Espagne, les États-Unis, la Chine, l'Italie ou la Turquie, ont compris qu'il est inutile de s'isoler pour un meilleur avenir.

Alors pourquoi certains pays ne s'ouvrent pas, et s'isolent autant ?

Dans ses pays, la peur, la méfiance, les blessures du passé ou les ambitions politiques entretiennent encore ces barrières.

Pourtant, pour permettre l'épanouissement des peuples, des citoyens ou des êtres humains, peu importe la manière dont on les nomme, il est nécessaire d'ouvrir son cœur à une cohabitation plus large, sans jalousie ni méfiance. Il faut éveiller les esprits.

Bien sûr, dans le monde, il y aura toujours des mauvaises personnes. Ou plus précisément, « <u>des personnes pas encore bonnes</u> ».

Aidons-les simplement !

Il n'y a pas de méchant ou de personnes éternellement malveillante.

Il y a seulement des personnes pas encore gentilles. Ou, pas encore bienveillante.

Croire en l'autre, en sa capacité à évoluer et à s'améliorer, est déjà un acte d'amour. Pour la stabilité de nos nations, partager et répartir nos connaissances constitue une véritable richesse pour l'humanité. Car, sur le très long terme, si les sociétés veulent rester stables et épanouies, le monde devra se rapprocher d'une cohérence d'ensemble dans les mentalités, d'un endroit à un autre.

Sur l'entièreté de notre planète, il n'y a pas de pays supérieur ou inférieur à un autre. Nous sommes tous égaux. Certains ont plus de richesses et d'autres moins, sans être pour autant moins heureux. Au contraire. Le bonheur ne dépend pas uniquement de la richesse matérielle, mais de l'équilibre social, de la sécurité et du sentiment de dignité.

Pourtant, il arrive que certaines personnes, dans notre entourage ou ailleurs, entachent la vie collective, brisent des familles, dégradent l'environnement et dans les cas les plus extrêmes, organisent des attentats. Trop souvent, des drames inattendus surviennent. Il suffit d'un petit rien pour anéantir la paix, gripper la machine à épanouissement. Une minorité peut parfois suffire pour angoisser un pays. Une bombe peut dissoudre une région pour en prendre le pouvoir, comme une infection, un microbe qui gangrène des cellules, une métastase qui grandit dans l'ombre pour tapisser d'horreur notre vie paisible. L'histoire humaine est marquée par ces ruptures brutales qui rappellent la fragilité de la paix.

« *Le diable habite dans le corps de certaines âmes perdues.* »

Souvenez-vous des drames passés !

L'Holocauste des Juifs pendant la Seconde Guerre mondiale, l'explosion des bombes atomiques à Hiroshima et Nagasaki en 1945, la guerre israélo-palestinienne depuis 1948, la guerre du Koweït en 1990, le génocide rwandais en 1994, l'expansion des groupes djihadistes en Afrique depuis les années 2000, les attentats du World Trade Center en 2001, la guerre d'Irak en 2003, les attentats de Londres en 2005, ceux de Mumbai en 2008, de Chine en 2014, de Paris en 2015, de Christchurch en 2019, ou encore l'invasion de l'Ukraine en 2022. Ces événements tragiques montrent que la violence et la destruction peuvent surgir à tout moment, même lorsque la majorité des populations aspire à la paix et à l'épanouissement. L'Histoire est jalonnée de ruptures brutales qui rappellent la fragilité des équilibres humains.

Durant la Seconde Guerre mondiale, à un niveau stratégique, l'Union soviétique a contribué à la libération de la France. Mais c'est surtout l'organisation exceptionnelle entre les États-Unis, l'Angleterre et le Canada qui a été véritablement stupéfiante. Jamais une coordination militaire d'une telle ampleur n'avait été réalisée dans le monde. Cette coopération démontre qu'en situation extrême, les nations peuvent dépasser leurs divergences pour s'unir face à un danger commun.

Alors que l'Allemagne nazis gagnait continuellement du terrain, l'Union soviétique prit l'initiative de combattre non seulement pour protéger son territoire, mais également pour contribuer à la libération générale.

Chaque envahisseur trouve toujours un prétexte pour attaquer. Qu'il s'agisse de jalousie, de soif de pouvoir, de désir de domination ou d'autres motivations. Pourtant, derrière ces raisons apparentes, les êtres humains partagent des besoins essentiels et des valeurs communes. C'est ce paradoxe qui rend la guerre si tragique. Elle oppose des êtres fondamentalement semblables.

La France, au bord de la défaite face à une Allemagne nazis tenace, réussit à résister grâce à l'imagination, au courage et à la collaboration avec ses alliés. La résistance fut elle aussi très contributrice et déterminante, mais elle ne se fit pas sans sacrifices.

Pour chaque soldat allemand tué, dix résistants furent systématiquement exécutés.

Depuis la nuit des temps, l'homme fait la guerre à l'homme, que ce soit entre tribus, entre rivaux locaux ou entre nations. Dans un pays démocratique bien organisé, la guerre interne a disparu. Les départements et régions ne s'envahissent plus. Tous partagent une même langue commune, des coutumes similaires et un cadre juridique identique, tout en conservant leurs traditions propre. Les conflits ne se règlent plus par la violence, mais dans le cadre du droit, grâce à la médiation et aux institutions judiciaires, de manière neutre et impartiale.

Cependant, lorsqu'un pays voisin est instable, démuni, ou gouverné par une idéologie extrême, ou encore lorsque ses dirigeants, par mythomanie, s'imaginent être un jour attaqués pour une raison inconnue, ou cherchent vengeance pour une vieille querelle ou pour un quelconque prétexte personnel, cela suffit alors à faire naître l'idée de conquérir ce voisin et de lui infliger des souffrances. Le conquérant s'organise alors pour obtenir la victoire, coûte que coûte, sans considération pour les drames humains qui en résultent. La recherche de prestige personnel ou national l'emporte alors sur le respect de la vie humaine.

Et l'on retrouve ses mêmes mécanismes conflictuelles entre deux voisins de palier, de parcelle ou encore entre deux propriétaires dans un immeuble. Qu'ils soient situé dans une grande ville ou dans une petite commune.

> *Entre deux pays comme entre deux voisins, les conflits sont pratiquement toujours les mêmes !*

La cause est généralement un manque de communication, mais aussi un niveau d'instruction insuffisant ou une expérience de la vie trop limitée pour comprendre l'essentiel des valeurs humaines.

L'éducation scolaire permet de réduire une très grande partie de ces tensions, mais pas leur totalité, car à elle seule, elle ne peut pas tout. L'éducation sociale peut compléter cet apprentissage, l'éducation parentale peut l'améliorer, à condition que les parents ne soient pas défaillants, et il y a enfin l'éducation personnelle de chacun, qui dure toute une vie. Entre-temps, des erreurs et des maladresses sont commises, et certaines personnes, même après toute une vie, n'ont toujours pas compris l'origine réelle des tensions qu'elles ont générées autour d'elles.

Pourtant, au fond, nous sommes tous frères et sœurs. Nous avons les mêmes besoins, les mêmes désirs, les mêmes inquiétudes et le même amour pour nos familles. Nous partageons la même planète et subissons les mêmes aléas climatiques. Comme dans toute famille, nous pouvons ne pas être d'accord. Mais de là à s'entretuer, se combattre, vouloir détruire son voisin, utiliser les techniques de torture, d'humiliation ou de viol, instrumentaliser les enfants, anéantir le travail de toute une vie de milliers ou de millions de citoyens, cela semble inconcevable. Pourtant, nous le constatons tous les jours en allumant nos écrans d'informations, où les images de destruction défilent avec une régularité glaçante.

Il y a tant de drames à travers le monde causés par ceux qui veulent tuer par intérêt ou idéologie. Imaginez le nombre de familles anéanties, d'enfants devenus orphelins, de femmes isolées, de personnes estropiées et le nombre de morts pour défendre un pays. Chaque conflit laisse derrière lui une génération marquée par la peur et la perte.

> **« Quand on est dans un rapport de force, on s'entretue et on reste à l'horizontale.**
> **On peut gagner, mais on ne grandit pas. »**

On ne se verticalise pas !

Rien n'évolue, entendu dans le sens des valeurs, de la grandeur, de la fierté et de l'honneur !

La domination ne produit ni élévation morale ni véritable progrès intérieur. Certains vous diront alors, qu'il faut changer le monde.

NON.

Il faut surtout se changer « SOI-MÊME » dans le monde !

> Apprendre à devenir celui ou celle que nous devrions être, plein de bonté, de respect et de générosité.

La transformation collective commence toujours par une révolution intérieure !

Il ne faut pas se laisser orienter mécaniquement, malgré soi, dans la spirale de la dynamique sociétale qui souhaite nous faire rentrer dans un moule inapproprié où nous devrions constamment avoir peur et nous protéger. La peur est un outil puissant de manipulation lorsqu'elle devient permanente.

« Devenez enfin vous-même. »

Bien évidemment, le monde évolue. Grâce à nous. À nous tous. À notre image. Pour construire un avenir stable, il faut apprendre à écouter et à comprendre. À écouter son corps. À écouter ce qui est utile pour soi. À écouter les autres, la conjoncture et les intentions réelles. Il faut aller vers la conquête de l'invisible, du spirituel et faire jaillir la part de divinité qui habite en chacun de nous. Cette dimension intérieure constitue un socle éthique indispensable à toute organisation durable.

« Chercher le royaume qui est en vous. »

Bien évidemment, il est plus facile de comprendre ces dernières lignes pour un croyant. Mais elles ne sont pas dénuées de sens pour tous les autres. Nous pourrions alors remplacer le nom de Dieu par énergie positive, bénéfique et bienveillante. L'essentiel réside moins dans le vocabulaire employé que dans l'intention morale qui l'accompagne.

Pour rester optimiste, il n'est pas impossible que les catastrophes que nous subissons soient potentiellement « un mal pour un bien », afin qu'un monde meilleur apparaisse. Le monde doit être basé sur un rapport d'amour et non sur un rapport de force perpétuel comme c'est le cas aujourd'hui. Si l'Homme, imparfait par nature, a besoin de règles pour mieux se comporter, ces règles doivent être justes pour nous tous, sans exception. Une règle injuste engendre frustration et révolte, et une règle équitable favorise l'adhésion et la stabilité.

Je souhaite vous rappeler qu'il ne faut pas se limiter à regarder uniquement sur son paillasson, mais bien au-delà, beaucoup plus loin que le bout de son nez. Beaucoup d'entre vous ne considèrent que ce qui se passe dans leur environnement proche, et parfois pas plus loin que leur propre palier.

Or, pour que nous puissions vivre de manière épanouie, en sécurité, avec un pouvoir d'achat plus important et moins de tristesse dans nos rues, il faut penser plus largement et regarder au-delà de nos frontières. Car ailleurs, la vie peut être véritablement dramatique. Plus que vous ne pouvez l'imaginer. Car il existe encore des situations où des êtres humains sont torturés et réduits en esclavage.

Quand je parle de l'humain, je ne parle pas seulement de nous, dans notre pays, où malgré les critiques que nous pouvons formuler, la vie reste tout de même relativement agréable. Je parle de tous les êtres vivants sur cette boule que nous appelons la Terre.

> **« La vie ailleurs, n'est pas toujours un cadeau. Dès la naissance, pour certains, c'est un véritable combat. »**

Si nous ne raisonnons pas à une échelle plus large, les petites mesures prises à l'échelle de notre seul pays ne suffiront pas à protéger notre bien-être face au mal venant de l'extérieur.

Où que l'on se trouve sur la planète, pour que l'humain puisse s'épanouir, il y a tout de même une base fondamentale à ne surtout pas négliger. Cette base n'est pas abstraite. Elle repose sur des besoins matériels simples et universels, sans lesquels aucune société stable ne peut exister.

CHAPITRE II

L'Homme Face à Lui-même.

Bien que le chaos survienne souvent quand nous nous y attendons le moins, il prend de multiples formes. Nous n'aurons alors pas d'autre choix que de le subir ou de s'en défendre. La nature crée naturellement du chaos, mais à chaque fois, elle se répare et cicatrise. Qu'il s'agisse de volcans, de tsunamis, de tempêtes, de cyclones, de feux de forêt, de pluies diluviennes, de tremblements de terre ou de sécheresses critiques, tous ces évènements climatiques sont par essence naturels. Ces phénomènes sont certes catastrophiques à notre échelle, mais seulement parce que nous les subissons. Nous les considérons comme des catastrophes, alors que pour notre chère Terre, ce cycle est normal.

La Terre est le berceau de l'humanité et l'Homme y règne en maître absolu. Il s'efforce consciencieusement de maîtriser chacun des éléments qui la composent. Pourtant, quelquefois, la nature se rebelle.

Effectivement, l'Homme n'a pas le choix et doit composer avec elle. Ce n'est pas à la nature de s'adapter à l'Homme, c'est à l'Homme de s'adapter à la nature.

Avant l'apparition de l'humanité, la Terre est passée par différentes phases de chaos. Sur plusieurs millions d'années, elle a façonné notre environnement pour permettre d'accueillir la vie. Initialement hostile, et par un processus presque improbable, la vie est étonnamment apparue. Dans cet environnement, l'Homme, au milieu des dangers, a appris à se battre, à survivre et à s'adapter aux circonstances.

L'Homme invente, il élabore des plans et des projets pour subsister coûte que coûte. Dans toute sa puissance, il est capable du meilleur comme du pire.

Pourtant, l'Homme n'est pas le plus performant des mammifères. Il n'est pas le plus rapide, le plus fort, le plus robuste ni le plus souple. Ce n'est pas lui qui voit le plus loin. Il ne peut pas rester très longtemps sans respirer, ne sécrète aucun venin pour se défendre, ne voit pas la nuit et ne possède aucune capacité de transformation physique. Pourtant, la seule chose qui le distingue des autres mammifères est cette intelligence qui lui permet de faire toute la différence et de tout remporter. Grâce à elle, l'Homme évolue et devient le maître en tout point. Il arrive à tout dominer. Rien ne lui résiste. Il construit des machines, transmet ses acquis à sa descendance, maîtrise ses peurs et s'organise. Il réfléchit, forme des équipes, agit, réagit, communique et possède la maîtrise de l'écrit.

Dans cette diversité, il existe tellement d'êtres humains que l'on pourrait imaginer de multiples doublons. Pourtant, chaque humain est parfaitement unique. Chacun possède une caractéristique bien personnelle, une mentalité différente et un caractère propre. Malgré les milliards d'individus, chacun détient une empreinte unique et son propre ADN. L'être humain est doué de raison, d'amour et de tendresse, de conscience et d'inconscience, de pulsions et d'impulsion, se montrant toujours capable du meilleur comme du pire.

Dans le monde, l'Homme a pris une telle possession des lieux qu'il se sent intouchable. Plus il possède de pouvoir, plus il déploie de moyens pour en obtenir davantage. Le problème est peut-être là. Apprendre à s'arrêter et à se contenter de ce que l'on a, par rapport à d'autres qui en ont beaucoup moins.

Dans toute sa puissance, l'Homme, aussi développé qu'il soit, n'est pas parfait. Avec autant d'individus dans le monde, des désaccords, des conflits et des violences surgissent inévitablement. Des hommes mal élevés et violentés dans leur enfance deviennent trop souvent violents dans leur vie adulte.

La diversité fait partie de l'Homme. Du plus juste au plus injuste, du plus honnête au plus perfide, du plus sensé au plus idiot, du plus fort au plus faible, du simple manipulateur au plus bienveillant.

> *Et pourtant, une seule personne suffit pour créer un CHAOS.*

Dans notre vie, suivant notre évolution personnelle, nos expériences, nos échecs ou nos réussites, nous ouvrons inconsciemment des portes sur le chemin de l'existence. Certains chemins sont faciles et d'autres sont nettement plus difficiles. Ces expériences sont des épreuves. Dans le respect des règles de la société, chacun a la possibilité de faire ce qu'il a envie de faire.

Nous avons tous une personnalité différente, ce qui fait notre charme. Mais quelquefois aussi notre faiblesse. Enfin, les rapports entre humains peuvent être difficiles, voire tendus ou violents. Pourtant, au fond de lui, chaque individu est pourvu des mêmes traits de personnalité psychologique et mentale, des mêmes volontés à quelques variantes près, des mêmes envies et des mêmes besoins.

« *Nous sommes tous, un peu tout à la fois.* »

Même s'il est difficile de l'admettre, nous portons tous en nous, à des degrés divers, un ensemble de pathologies plus ou moins critiques. Que nous le voulions ou non, nous avons des réactions différentes ou similaires en fonction d'un trouble extérieur ou d'une émotion ressentie. Nous sommes tous des fous, des fanatiques, des amoureux, des exubérants, des sportifs, des intellectuels, des libres-penseurs, des tendres ou des rêveurs. Tout au fond de nous, dans un coin de notre esprit, nous avons une part de chacune de ces expressions, plus ou moins développée, plus ou moins en sommeil.

Par exemple, la folie peut dans certaines circonstances particulières et l'espace d'une minute, vous amener à commettre un acte regrettable. Nous sommes tous, sans nous en rendre compte, capables de tout en toute circonstance. Le stress peut être un déclencheur, tout comme un reproche ou une critique non acceptée, et ce, que vous soyez calme, sensible, réservé, timide, respectueux ou conciliant.

La folie peut être passagère ou chronique, latente ou foudroyante, héréditaire ou provoquée. Elle peut aussi être l'expression d'une démesure, comme <u>la folie des grandeurs</u>, ou un simple penchant comme <u>la folie douce</u>. Elle peut être <u>guerrière</u> ou attendrissante comme le sentiment d'aimer <u>fou d'amour</u>.

<u>Pour bien comprendre</u> : Si je vous dis que je suis parfait, le croyez-vous ?

La réponse est OUI, mais également NON. Car si je suis parfait dans une proportion de 80%, je suis de toute évidence imparfait dans une proportion de 20%. Et si l'on estime être parfait à 90% ou à 60%, par conséquent, nous sommes imparfait à 10% ou à 40%.

En pratiquant cette philosophie, vous comprenez que nous sommes tous parfaits à des pourcentages différents. Bien évidemment, si vous être parfait à 10 ou à 20 %, le reflet de votre estime de vous-même semblera très médiocre.

Maintenant, si je vous dis que je suis fou, le croyez-vous ?

Tout comme l'exemple précédent, la réponse est OUI, mais également NON, selon les pourcentages. Ce principe, est identique pour toutes les autres expressions, comportement ou particularités qui vous animent.

L'Homme est capable du meilleur comme du pire, et cela nous concerne tous, car face à un danger, une tragédie, une violence extrême ou une injustice face à un terroriste, on peut avoir un comportement quelquefois surprenants.

« Nous ne pouvons pas savoir de quoi nous serions capables face à de telles circonstances. Mais une fois devant l'évènement, il y a ceux qui se recroqueville, et les autres qui ont des réactions inattendues, insoupçonnées. »

IMAGINONS : Si un danger devait arriver, beaucoup diraient « je ferais ceci » ou « je ferais cela ». En théorie, nous pouvons prétendre savoir exactement ce que nous ferions. Mais en réalité, rien n'est si sûr. Nous ne pouvons que supposer, avec une très grande part d'erreur.

Face à un danger, il n'est pas impossible que vous ne soyez plus la même personne. Votre subconscient ou vos réflexes primitifs vous dicteraient autre chose. Vous n'aurez probablement pas le même comportement que d'habitude. Votre réaction serait différente, surtout face à la mort, ou pour sauver votre enfant. Selon la volonté et la motivation de chacun, il arrive de remarquer des réactions surprenantes et même de s'étonner soi-même de ses propres capacités.

> Cependant, le véritable fou, violent, narcissique, imprévisible ou sadique est un véritable destructeur.

Un fou pathologique est une personne atteinte de troubles mentaux. Quand ce pourcentage devient important, il est significatif et potentiellement dangereux pour lui-même et son environnement. La folie revêt des formes si diverses qu'elles ne peuvent être totalement énumérées. Nous ne pouvons qu'en survoler les contours. Même les spécialistes dotés de nombreux diplômes et d'expérience ne peuvent fournir de certitude absolue.

Selon sa particularité mentale, le fou peut être très dégourdi et persuasif. Il sait s'adapter à son environnement et manipuler son entourage. Certains peuvent se contenir avant de laisser ressurgir l'esprit malveillant qui les habite. Chez les individus structurellement très perturbés, l'irrationalité est bien souvent l'un des premiers signes qui appelle à la vigilance. Pour d'autres, les objectifs sont précis et ils tirent un grand plaisir à faire du mal à autrui.

Chez les humains en général, certains n'ont aucun complexe, aucun scrupule, aucun sentiment ni état d'âme. Selon la complexité psychologique de certains individus, ils sont capables de détruire la nature et tout ce qui les entoure par vengeance ou par simple plaisir, à l'image d'un pyromane qui déclenche des incendies tout en exerçant la fonction de pompier.

Sur notre terre, certains hommes recherchent activement à faire du mal. Ils auront toujours un prétexte pour se convaincre du bien-fondé de leurs actes en suivant une idéologie qu'ils ont eux-mêmes forgée.

Certains veulent vivre comme un dieu, mais ils ne le sont pas. Dans notre grande diversité de pensée, certains sont tellement obnubilés par la réussite qu'ils sont prêts à prendre tous les raccourcis possibles, quitte à tuer, voler, mentir ou trahir leur prochain.

Là es le problème !

> Le danger vient de l'Homme, et l'on comprend que l'Homme doit se protéger de l'Homme.

Il existe certes des lois pour réguler tout cela et des règles à suivre pour assurer notre sécurité.

> *« Mais si seulement ces règles pouvaient être les mêmes de partout dans le monde ! »*

Malgré cela, il y en a toujours qui cherchent à contourner ces règles, se montrant capables des pires cruautés. S'il existait des archives répertoriant toutes les atrocités commises par l'Homme, toutes les guerres ou les prétextes de conflits inventés en moins de 10 000 ans, nous serions étonnés de voir tous ces massacres perpétrés dans le seul but d'être le plus fort. Depuis la nuit des temps, l'Homme a combattu pour conquérir des terres et des peuples afin de régner sur l'humanité. Des millions et des millions de personnes sont mortes pour l'idéologie et à l'initiative d'un seul homme, suivi par un autre, puis un autre encore.

Cela ne s'arrête jamais !

> « **Mais en réalité, qui gagne quoi ?** »

Le pouvoir gagné est généralement éphémère à l'échelle de l'humanité. Juste l'instant d'un souffle et celui qui a pris le pouvoir vieillit, puis se fait remplacer, laissant bien souvent derrière lui les massacres et la désolation. Le conquérant ou le fanatique disparaît, et l'évolution du monde poursuit sa route. Le pouvoir semble être une nécessité indispensable pour certains. Souvent basés sur des mensonges, tous les prétextes sont bons pour convaincre les troupes de partir au front.

Cependant, de nos jours, subsiste une petite différence avec le passé. LA MÉMOIRE INFORMATIQUE. Grâce à elle, la véritable histoire est enregistrée quotidiennement. Nous ne pouvons plus réécrire l'histoire à l'avantage du vainqueur, comme cela fut le cas autrefois. Aujourd'hui, le fanatique qui utilise les armes par de faux prétextes sera vraisemblablement puni et condamné par ses frères.

C'est juste une question de temps !

« N'oubliez pas. TOUT SE SAIT TÔT OU TARD. »

Quand un peuple se fait envahir, il y a toujours des drames. Avant l'apparition des réseaux sociaux, cela passait presque inaperçu. De nos jours, lorsqu'un pays subit une agression, l'information est commentée par les journalistes du monde entier. Cependant, l'information reste parfois unidirectionnelle. Dans le pays conquérant, la population vivant paisiblement loin du front, les véritables informations ne sont pas toujours diffusées, voire totalement détournées sous le diktat du dirigeant.

« La guerre est aussi une guerre d'images. L'ennemi niera toujours sa responsabilité, niera les atrocités, et rira dans votre dos d'un air narguant. »

Il arrivera que des images soient trafiquées et des vidéos montées pour renverser la responsabilité vers la partie adverse, digne d'un véritable scénario joué par des comédiens. Tout est mis en place pour que les coupables ne soient jamais condamnés, pour fabriquer des preuves et faire croire que les agresseurs sont en réalité des victimes.

Un travail de fourmi est alors nécessaire pour décortiquer la vérité. Aujourd'hui, la technologie permet même de transformer un visage et de faire parler n'importe qui sans qu'il le sache.

Cela s'appelle le DEEPFAKE !

Le Deepfake est une vidéo truquée très sophistiquée qui permet de manipuler les expressions d'un visage pour lui faire dire n'importe quoi. Avec l'aide d'une doublure, cette technologie permet également de simuler des actes comme s'ils étaient commis par la véritable personne.

Ces trucages sont réalisées grâce à une technologie artificielle appelée la MACHINE LEARNING. Ce sont des algorithmes spécialisés dans le traitement d'images qui découpent une photo et la collent sur une autre personne pour lui donner vie. De nombreux escrocs utilisent ce système pour usurper l'identité de personnes dans le seul but de nuire.(Chantage, méchanceté gratuite, licenciement, fragilisation de relations ou manipulation politique.)

Avec l'avènement des réseaux sociaux internationaux, il devient désormais impossible de travestir la réalité du terrain. Les informations, qu'elles soient porteuses de vérité ou de propagande, circulent inévitablement. Un travail de fourmi est alors mis en place pour décortiquer les faits, mettre au jour les massacres et identifier les traces de torture sur site. Dans un monde sous surveillance permanente, la véritable et inquiétante histoire s'écrit avec des preuves concrètes.

À l'avenir, le monde se souviendra des atrocités générées par les envahisseurs. Les archives relateront les nombreuses villes saccagées, les témoignages individuels et les reportages de zone afin que chacun puisse mesurer l'ampleur du bilan humain.

Peu à peu, la vie reprendra ses droits, mais les rescapés n'oublieront pas, car les stigmates demeureront visibles dans le temps. L'histoire enregistrera la destruction de milliers de familles. De nombreux bâtiments civils, des usines, des écoles et des hôpitaux auront été anéantis, tandis que l'économie, totalement dévastée, aura impacté le monde entier.

Alors comment éviter la volonté destructrice d'un dirigeant fanatique ?

Il faudrait d'abord admettre que la Terre n'appartient à personne et à tout le monde à la fois. Les continents ne sont la propriété de personne, et cela devrait être identique pour les pays. À la rigueur, pour une raison de sécurité, un territoire appartient au peuple qui l'habite depuis plusieurs générations, mais certainement pas à une seule personne qui s'auto-légitimise maître des lieux.

Et le danger est précisément là !

Beaucoup de dirigeants dans le monde nourrissent cette mentalité de fanatique. Sans le garde-fou des lois, peut-être même que l'un de vos proches, une personne un peu influente, chercherait à obtenir un pouvoir sans limite. Pour ces esprits malades, tous les prétextes sont valables et chaque changement d'humeur devient une occasion de nuire.

Le danger provient généralement d'un responsable d'État très influent !

> C'est précisément parce qu'il n'existe pas encore d'ordre mondial que ce type de guerre reste possible.

À tout moment, tout peut basculer dans notre vie. Un conflit sévère peut éclater en guerre, comme cela s'est produit de nombreuses fois par le passé. Mais la mémoire de l'Homme est sélective. Pour celui qui ne l'a pas vécue, la guerre reste abstraite. À l'école, l'histoire le fatigue, car dans son présent immédiat, tout va bien. Pour inculquer la gravité de certains actes à nos enfants, il faut leur faire prendre conscience des cruautés passées, en s'appuyant sur la vérité, même si celle-ci est douloureuse. En l'honneur de tous ces morts, leur disparition doit servir de leçon dans nos livres d'école. Par la diffusion de vidéos, de témoignages et d'images fortes, sans chercher à traumatiser inutilement ni à entretenir un esprit de vengeance, cet enseignement doit servir l'intérêt commun, le mieux-vivre ensemble et la prévention de nouveaux drames.

Si l'on réfléchit bien, tout le monde peut trouver une raison d'en vouloir à quelqu'un. C'est humain. On ne peut être d'accord avec tout le monde. Pourtant, entre un désaccord exprimé par les mots et une agression physique, il y a un fossé que certains franchissent sans réfléchir, commettant ainsi un acte grave. Heureusement que notre cerveau secondaire vient souvent tempérer les pulsions de notre cerveau primaire.

Pourtant, beaucoup n'ont pas atteint ce niveau de raisonnement. Sans même chercher de cause déclencheuse, nous avons tous potentiellement une raison d'éprouver de la rancœur au cours de notre existence.

Nous ne sommes pas des machines, mais ce n'est pas non plus une EXCUSE !

« De la violence à la guerre, il n'y a qu'un pas. »

L'Homme est un animal doté de raison, pourtant certains semblent laisser leur part animale prendre le dessus jusqu'à en perdre toute humanité. Quelquefois, il arrive aussi que certains prennent conscience de leurs mauvaises actions. Mais par fierté, si on ne les aide pas à trouver une issue, ils ne feront jamais machine arrière et s'enfermeront dans leurs idées conflictuelles. Il n'existe malheureusement pas de guerre propre, ni de guerre juste entre militaires sans dérapages. Cela est une chimère. Dans toutes les guerres, on retrouve les mensonges, les cessez-le-feu bafoués, les meurtres, les tortures et les viols servant de trophées aux soldats. Dans cette tragédie faite de sang et de cris, il n'y a plus de justice apparente. Il n'y a que la consigne et l'ordre du chef de guerre.

> **La guerre,
> c'est la fin de l'espoir et le début de la mort.**

Le stress ou la cruauté de certains soldats, ouvrent la voie à des dérives macabres. Comme dans un jeu vidéo, ces bourreaux s'amusent avec leurs victimes. HOMMES, FEMMES, ENFANTS et VIEILLARDS. IL N'Y A PLUS DE LIMITES A LA **TORTURE.** Il n'existe pas de mots pour qualifier ces individus et les supplices qu'ils font subir à des innocents.

« Il est important de préciser qu'il ne faut pas s'habituer à ces termes comme s'ils étaient ordinaires. Le mot « torture » n'est pas un mot banal. C'est un mot derrière lequel des enfants, des femmes enceintes et des personnes âgées ont été brisés. Derrière la torture, il y a de vraies personnes, comme vous et moi, qui ont eu leurs membres arrachés, sectionnés ou broyés à coups de masse. Derrière ce mot, on trouve des éventrations, des perforations oculaires et des mutilations en tout genre. Il cache des rescapés qui conservent à jamais les traces de ce souvenir macabre, et des êtres qui ont prié pour mourir afin d'échapper à l'horreur. Il y a tant de souffrance, de désespoir et d'effroi derrière ce terme qu'il ne faut jamais le banaliser. Dites-vous bien qu'il

existe des hommes qui aiment s'amuser avec les vivants par pur plaisir. À l'écoute de ce mot, il faut prendre acte de l'ampleur du drame et le réprouver avec la plus grande ardeur. »

Pour les hauts gradés, le soldat doit obéir. Il n'a pas le choix. Dans le cas contraire, il sera jugé pour refus d'obéissance, lourdement sanctionné, voire exécuté dans certains pays. Au-delà de ce constat, des chefs sans morale ferment les yeux sur les atrocités commises en marge des combats.

Les guerres poussent systématiquement des familles entières à l'exode pour fuir les bombes. Elles génèrent d'innombrables traumatismes, laissent derrière elles des corps mutilés et imposent des destructions qu'il faudra des décennies à reconstruire.

Où que nous soyons, quels que soient les évènements ou notre état de santé, un accident peut survenir.

Chaque jour de vie peut être votre dernier.

CHAPITRE III

L'Éducation, Contre le Mal-être et la Violence.

« L'argent est considéré par beaucoup, comme le centre incontestable des besoins fondamentaux de l'Homme. »

Certains diraient, sans argent, nous ne sommes rien. Seulement, il y a autre chose de plus important encore… la santé.

Mais aussi le fait d'être entouré des bonnes personnes, d'être apprécié pour ce que l'on est et pour ce que l'on fait, et de se sentir reconnu dans son existence quotidienne.

Nous oublions que nous sommes… Mortels. Chaque jour peut être notre dernier. Il est donc essentiel de se concentrer sur les choses indispensables pour réaliser correctement sa vie, et tout mettre en œuvre pour construire une vie épanouie.

Depuis son plus jeune âge, l'humain est stimulé par son environnement pour s'améliorer et progresser. L'apprentissage de la vie passe par l'observation, puis par la compréhension.

Dans les pays favorisés, la télévision fait de plus en plus partie du paysage éducatif. Installée dans pratiquement chaque foyer, elle joue un rôle prépondérant dans l'éducation des enfants, mais aussi dans celle des adultes. Cet outil a littéralement modifié les habitudes des foyers. Peu à peu, certaines personnes deviennent dépendantes et s'isolent du monde extérieur.

Pour la plupart d'entre nous, vivre isolé du monde extérieur sur le long terme est difficilement supportable. Mais pour ces personnes, cela n'est pas sans conséquence. Sans interaction avec les autres, ou avec seulement le minimum, une personne normalement constituée s'assombrit et s'éloigne insidieusement de l'épanouissement.

Il arrive aussi que des enfants soient laissés seuls devant leur poste de télévision, leur tablette ou leur ordinateur. Et les personnes très âgées en font aussi partie. Les enfants qui restent durant des heures devant les écrans y trouver souvent un intérêt. En regardant des films plus ou moins violents, des séries et des vidéos en tous genres, ainsi que des jeux vidéo. Ils y prennent généralement beaucoup de plaisir et s'y habituent depuis le plus jeune âge.

Ils sont capables de rester devant un écran pendant des journées entières. S'il n'y avait pas d'obligation scolaire, ils y resteraient certainement durant des semaines. Arrivés à l'âge adulte, beaucoup vivront cloîtrés, même s'ils n'en ont pas véritablement les moyens financiers. Une chambre, un lit et un écran leur suffiront. Rien d'autre. N'ayant pas le temps de faire la cuisine, ils se nourriront majoritairement de biscuits, de surimi, de pizzas, de conserves et de surgelés au mieux. Cette réalité, même très marginale, existe déjà dans de nombreux pays.

Que deviendront les enfants éduqués dans ce contexte ?

Quel type d'adultes deviendront-ils ?

Comment se comporteront-ils au cours de leur vie ?

Les écrans seront-ils plus puissants que la volonté de vivre une histoire d'amour, d'être en couple, de fonder une famille et d'avoir des enfants ?

Les parents sont responsables de leurs enfants. Mais il arrive qu'eux aussi complètent ce tableau en regardant à leur tour des variétés, des émissions ou des films et séries à chaque moment disponible. Souvent en rentrant du travail pour se détendre, et pour d'autres, durant des journées entières. Il existe même certaines familles ayant une télévision pour chaque personne du foyer, ou dans chaque chambre.

Ainsi va la vie !

Par les ordinateurs ainsi que par les smartphones connectés, la technologie a permis d'apporter une distraction, un côté ludique dont les enfants sont les plus friands. Ces machines donnent un accès direct au monde, à la culture et aux réseaux sociaux, sans bouger de son canapé.

Cependant, l'isolement ne permet pas de s'épanouir. Des parents qui abandonnent leurs enfants, sans leur donner d'explications sur ce qu'ils voient et vivent, laissent se développer en eux toutes sortes d'imaginations, parfois dangereuses pour la société à long terme.

Internet est à la fois une bonne et une mauvaise chose. Pour les personnes dotées d'un discernement suffisant, cet outil permet de comprendre les risques et d'en tirer le meilleur. Mais pour d'autres, notamment pour des parents peu attentifs ou des enfants, de nombreux contenus ne sont que des distractions abrutissantes ou des sujets mensongers qui alimente la malveillance.

Malgré tout, Internet reste majoritairement un outil extraordinaire, à condition que ceux qui l'utilise fassent preuve de curiosité, ambition et de bienveillance.

L'accès à Internet universel devrait être gratuit pour tous. Car il représente aujourd'hui un enjeu fondamental pour l'émancipation individuelle et le développement collectif. Il ne s'agit pas seulement d'un outil de communication ou de divertissement, mais d'une véritable clé pour l'auto-éducation et la compréhension du monde. Grâce à un accès universel, chaque individu, quel que soit son lieu de vie ou son niveau social, pourrait accéder aux connaissances, aux informations scientifiques, culturelles et sociales, et ainsi élargir sa perception des réalités locales et globales.

La mise en place de ce réseau pourrait se faire à travers des infrastructures filaires dans les zones densément peuplées et des systèmes satellitaires pour les régions isolées ou difficiles d'accès. Bien entendu, les coûts énergétiques et d'entretien de ces infrastructures seraient à la charge de chaque État, mais cet investissement s'avérerait crucial pour réduire les inégalités et offrir à chacun les moyens de se former et de s'informer par lui-même.

Cette révolution numérique permettrait à tous de mieux comprendre la complexité du monde et de développer un esprit critique, fondement indispensable pour se défendre contre les manipulations, la désinformation ou les injustices. Une population éduquée et informée, capable de s'auto-cultiver, devient plus autonome et responsable. Elle est mieux armée pour faire des choix éclairés concernant sa vie, sa santé, sa famille et son environnement.

En offrant l'accès gratuit à Internet, on ne crée pas seulement un outil de connaissance, mais un véritable levier pour le progrès humain et social.

Chaque personne pourrait contribuer à l'amélioration de sa vie et de celle de sa communauté, renforcer la cohésion sociale et participer à la construction d'un monde plus juste, équilibré et solidaire. L'éducation et l'information deviennent alors un droit universel, indispensable pour garantir l'égalité des chances et l'épanouissement de tous.

Mais que se passe-t-il, quand les parents ne sont plus attentifs à leurs enfants ?

Rapidement, les enfants s'adaptent à la situation. Ils acceptent malgré eux la vie qui leur est imposée. À défaut d'autres repères, ils se fabriquent leur monde. Certains auront envie de ressembler à un personnage de livre, d'autres à un personnage de télévision pour se construire ou s'échapper. Pour certains, ce sera leur seul véritable repère.

Sans parents ou responsables à côté pour apporter un cadre rassurant, stimulant, un environnement de jeux, de conseils, de présence, d'amour, de projets, de réflexion et de respect, les enfants peuvent rapidement basculer dans un monde mi-réel, mi-virtuel, se créant ainsi leur vision simplifiée du bien et du mal. Pour un enfant en pleine construction psychologique, cela peut s'avérer très grave pour son avenir.

À défaut de certitude quant à la capacité des parents à éduquer leurs enfants, l'éducation scolaire devrait fournir les bases de vigilance à travers un programme axé sur les valeurs humaines. L'essentiel est que les enfants soient dotés d'une capacité à identifier les risques, à les éviter, mais aussi à résoudre pacifiquement les conflits qui se présenteront à eux au cours de leur vie.

« Très jeune, je me posais la question : Pourquoi les prisons sont t'elles pleines de méchants en tout genre ? »

Qu'est-ce qui s'est passé dans la vie de ces hommes et femmes pour être punis et être incarcéré dans une cellule ?

Pourquoi ont-ils fait des bêtises ?

Quel est le déclencheur ?

- Avant d'être en prison, ces gens vivaient dans la société.

- Avant d'être adultes dans la société, ils étaient des enfants.

L'éducation a-t-elle un rôle prépondérant dans leur parcours de vie, ou bien est-ce les événements de la vie, mêlés à certaines fréquentations, qui les ont rendus ainsi ?

À la naissance d'un enfant, aucun ne naît naturellement méchant. La méchanceté n'existe pas chez un enfant. Au fil de son avancée en âge, il découvre, apprend et comprend. Selon les enfants, les étapes sont sensiblement les mêmes, et l'apprentissage de la vie n'est pas une course contre la montre.

Il n'y a rien à gagner, si ce n'est vivre des expériences, apprendre, faire du bien autour de soi, construire sa vie et surtout s'épanouir personnellement en respectant les autres. Chacun va véritablement à son rythme. Cependant, pour certains, à l'issue d'un écart de conduite significatif à l'âge adulte, ils peuvent perdre des années de leur vie précieuse en étant incarcérés.

Les facteurs qui déterminent le comportement futur d'un enfant sont multiples. On a tendance à dire que le parent est toujours responsable de son enfant. Mais ce n'est pas aussi simple, car il y a plusieurs variables à prendre en considération. Si l'on schématise, il y a d'un côté les enfants qui tournent bien, et de l'autre ceux qui tournent mal.

Mais pourquoi un enfant pourrait-il s'orienter un jour vers le mal ?

Quelles sont les causes potentielles ?

À l'origine, il pourrait s'agir d'un parent désintéressé, inattentif, qui ne s'occupe jamais de son enfant, d'un parent violent physiquement, ou d'un parent violent psychologiquement, humiliant, insultant, générant de mauvais traitements sanitaires et des cris répétés dans le logement.

La violence psychologique est parfois plus dramatique que la violence physique, car elle est insidieuse, invisible et sournoise. Elle peut durer des années sans que personne ne s'aperçoive d'une anomalie, laissant des traces profondes et durables dans la personnalité de l'enfant.

> *« À défaut d'une formation à la parentalité, les risques peuvent être terrible. »*

Durant l'adolescence, l'enfant ou le jeune adulte peut accumuler les mauvaises expériences qui le détournent du droit chemin. En plus de l'absence d'éducation correcte des parents, il peut entrer en contact avec des personnes malveillantes. Cette orientation peut alors l'amener à vouloir voler, racketter, se prostituer ou organiser la prostitution, fabriquer ou vendre de la drogue, violer ou tuer.

Dans un environnement hostile, l'adolescent ou le jeune adulte peut parfaitement avoir conscience du mal qui l'entoure. Mais malgré tout, y trouver un intérêt ou une forme de normalité.

À tout moment et à tout âge, une personne mal partie dans la vie est capable de se reprendre, malgré un environnement initialement non convenable. Il peut s'agir d'une recherche personnelle, stimulée ou non par un entourage bienveillant. Ainsi, le schéma de construction bascule, et cette phase négative ne se prolongera pas.

À côté de cela, majoritairement, un enfant réussira plus facilement sa vie et sera plus épanoui s'il a des parents aimants, ou une figure parentale sur laquelle prendre exemple par l'amour qu'on lui porte.

Il s'agit alors d'être à son écoute, de prendre le temps de donner des explications, d'être patient et conciliant, de le laisser prendre des initiatives raisonnables, de faire des activités variées, de lui enseigner les valeurs de la vie, de le cadrer, de lui fixer des limites, de l'orienter, de le valoriser, de l'encourager, de lui donner de l'amour et de l'attention, de lui apprendre la tendresse, la délicatesse, de lui raconter des histoires, d'apprendre à rêver et à se projeter, de le soigner sans s'affoler, de suivre sa scolarité, de le nourrir, de l'habiller correctement et de le faire participer aux tâches de la maison de manière équitable, et enfin de lui apprendre l'essentiel dans la vie : <u>Le partage</u>.

Durant l'adolescence, l'enfant ou le jeune adulte peut aussi accumuler des expériences qui vont l'orienter dans une direction positive. Il s'agira alors d'expériences valorisantes, bienveillantes, et de la fréquentation de bonnes personnes qui pourraient l'amener sur le bon chemin. Une figure parentale, un oncle, une tante, un beau-père, une belle-mère, un ami, un professeur, ou toute autre présence inspirante.

Malheureusement, il arrive que tout ne se passe pas comme prévu. Malgré une enfance très convenable, l'enfant veut être indépendant, vivre ses propres expériences et découvrir la vie par ses propres moyens. Selon le contexte, il peut en avoir assez de la discipline et rechercher à sortir, à ne plus être encadré ni protégé.

« Il souhaite faire les bêtises qu'il pense que tout le monde fait. »

Bien évidemment, suivant le caractère de l'enfant, il y aura plus ou moins de difficultés. Cette notion de bien et de mal s'acquiert dès le plus jeune âge et se construit tout au long de la vie.

Les chances de bien s'en sortir dans la vie ne sont pas les mêmes d'une personne à une autre. Le facteur chance peut également jouer un rôle dans certaines opportunités qui apparaissent aux bons moments, et qui peuvent faire basculer une vie du bon côté.

Quand on apprend à étudier les gens, on observe leur comportement, leur gestuelle, leur façon de s'habiller et les couleurs qu'ils portent. Tout ce qui est visible. Mais on découvre aussi la timidité, le niveau d'instruction, la façon de parler, les émotions enfouies, la sensibilité, les peurs ou la violence. Tout ce qui est invisible ou le semi-visible.

Ce travail d'analyse est accessible à tous. Il suffit d'avoir un peu de volonté et la patience de vouloir comprendre. Il faut aussi avoir envie d'aimer et de s'intéresser aux autres. Ces différentes analyses permettent de se situer sur sa propre courbe d'évolution personnelle.

Aux analyses que vous faites en regardant les autres pour vous situer, vous pouvez également intégrer les différents types de caractère répertoriés par ce que l'on appelle l'Ennéagramme.

L'Ennéagramme est un modèle structurant de la personnalité humaine défini par neuf types de fonctionnements, en corrélation avec trois centres d'intelligence. Le mental, l'émotionnel et l'instinctif que nous possédons tous.

Ainsi, pour soi, cela permet de mieux se connaître, de se définir, de savoir qui l'on est vraiment, et de comprendre aussi son orientation naturelle dans la vie et pour l'avenir.

Cela est également très utile pour un parent vis-à-vis de son adolescent, mais pas avant que l'enfant ne soit suffisamment structuré pour afficher ouvertement son comportement naturel. À l'adolescence, le caractère est généralement déjà prononcé. Nous commençons à voir le relief distinctif et les traits dominants de sa personnalité.

Pour un plein épanouissement, l'Ennéagramme est un outil formidable qui mérite d'être mieux connu, notamment pour l'orientation professionnelle ou pour définir le poste idéal dans une entreprise.

Bien évidemment, tout le monde peut effectuer n'importe quel poste s'il a acquis les connaissances. Mais cette vision est très réductrice, presque archaïque, comme issue d'un autre temps.

Apprendre un métier, c'est bien, et c'est mieux que rien. Mais apprendre un métier dans lequel la personne va réellement s'épanouir, c'est encore mieux.

Une personne qui prend plaisir à partir travailler le matin, une personne impliquée et investie dans une entreprise, une personne qui aime son métier se remarquera toujours. Elle le portera sur elle. Cela se verra sur son visage. Elle sera plutôt joviale, dynamique, parfois perfectionniste. Elle prendra des initiatives dans l'intérêt du travail bien fait.

L'Ennéagramme permet de cibler le trait de caractère d'une personne et d'orienter son avenir dans une direction plus cohérente avec sa nature profonde.

Une personne qui ne serait pas vraiment à sa place pourrait exercer son activité consciencieusement durant des années, mais au fond d'elle, elle ne serait pas épanouie.

Par exemple, une personne serait capable de travailler toute la journée derrière un bureau durant toute sa vie et d'y faire un excellent travail, mais en s'ennuyant profondément. Elle accomplirait un travail de routine, presque par mimétisme. Cette personne ne serait pas épanouie.

Alors qu'elle aurait certainement été tout aussi capable de travailler à l'extérieur, d'exercer un travail plus manuel, d'y faire un travail tout aussi irréprochable, mais surtout de se sentir dans son élément, en accord avec sa nature, et donc véritablement épanouie.

L'orientation professionnelle n'est pas qu'une question d'emploi, de salaire, de mode du moment, d'influence des camarades ou pour faire plaisir aux parents. Une réflexion profonde doit être menée pour déterminer le travail idéal. Tout le monde est potentiellement capable de tout, s'il apprend à le faire, mais tout le monde ne sera pas heureux dans ce qu'il fera.

Et si, par hasard, vous vous rendez compte que vous vous êtes trompé, il n'est jamais trop tard pour réorienter sa vie. Il est rare de trouver le métier idéal du premier coup. Souvent, beaucoup passent par de multiples métiers ou par plusieurs études intermédiaires avant de trouver le bon chemin.

L'instant présent doit être continuellement mis en valeur, en s'efforçant d'apprendre des erreurs du passé pour mieux s'organiser et appréhender l'avenir. De fait, l'éducation ou l'apprentissage de la vie ne se limite pas à l'enfance, mais s'étend à toute la vie, jusqu'au dernier souffle.

> *« Toute personne, sans distinction, chaque être humain sur notre planète, reste un apprenant tout au long de son existence. »*

La vie est un cadeau fragile qu'il faut protéger et nourrir, car elle est extrêmement précieuse et unique. Certains en ont pleinement conscience, mais beaucoup se posent des questions tant ils ont déjà vécu de souffrance ou de difficultés.

Il y a quelques années, le service militaire était obligatoire en France, et il a été supprimé. Pourtant, il offrait de nombreux avantages, bien au-delà de l'hypothèse d'une préparation à une guerre future. Ce programme permettait aux jeunes adultes de sortir du confort familial et de se confronter à la vie en groupe, avec des individus venant de milieux différents. Ils apprenaient la discipline, l'ordre, la rigueur, la propreté, le respect des autres, et surtout à devenir responsables et autonomes.

Ce service devrait être réinventé et remis en place, non pas comme préparation à un conflit armé, mais dans un cadre purement civique et humanitaire. Il pourrait être obligatoire pour tous, hommes et femmes, et réalisé juste après les études, pour une période d'environ 12 mois. Ces jeunes adultes seraient encadrés par des professionnels répartis sur l'ensemble du territoire, voire dans le cadre de missions internationales.

L'objectif serait de développer la cohésion, la solidarité et le sens des responsabilités. Les missions pourraient inclure la protection de l'environnement, la reforestation, le nettoyage de zones polluées, l'aide aux populations victimes de séismes, de tsunamis ou d'autres catastrophes naturelles, le soutien à l'agriculture locale, des programmes de santé publique dans des zones défavorisées, ainsi que toute action humanitaire nécessitant un soutien collectif.

Au-delà de l'action locale, ce service pourrait inclure des missions interculturelles et internationales, favorisant la compréhension entre peuples et la coopération mondiale. Les jeunes participants auraient l'opportunité de découvrir d'autres modes de vie, d'échanger des connaissances et de partager leurs compétences avec des populations de différentes cultures. Cette expérience renforcerait leur ouverture d'esprit, leur tolérance et leur capacité à travailler dans des environnements multiculturels.

En parallèle, ce programme permettrait aux jeunes de développer des compétences pratiques, une culture générale étendue, une ouverture sur le monde et une meilleure connaissance de la vie collective. Il offrirait également l'opportunité de renforcer la confiance en soi, le sens de l'effort, l'autonomie, le respect de l'autre et l'empathie. À terme, ces jeunes adultes reviendraient dans la société avec un esprit plus responsable, conscient de ses droits mais aussi de ses devoirs envers les autres et envers la planète.

Mais cette préparation à la responsabilité et à la vie collective ne doit pas faire oublier ceux qui souffrent en silence ici et ailleurs. En commençant par les enfants gravement malades, pour qui chaque jour est un combat.

> *« Si je devais faire un vœu, je ferais le vœu qu'il n'y ait plus d'enfant atteint d'un cancer ou d'une maladie grave sur cette terre. »*

Quoi de plus injuste que de voir un enfant se battre contre une maladie dont il n'est assurément pas responsable.

Pourquoi un enfant, devrait souffrir, périr d'un cancer généralisé, ou être estropié à cause d'une guerre ?

Il y a aussi tellement de gens malheureux et désespérés, des gens ordinaires qui avaient un jour un toit et qui ont tout perdu, devenant sans-abri, sans autre choix pour certains que de dormir dans la voiture qui leur reste, s'ils en ont une. Et pour d'autres, dans un coin de rue discret ou sous un pont, sans perspective d'avenir.

Comment s'en sortir et trouver un travail quand on n'a pas d'adresse fixe ?

- Que de questions.
- Que d'injustice.

Chaque humain doit avoir la chance de réussir sa vie dignement, mais il faut aussi que les personnes s'investissent personnellement pour réussir leur vie. Quelqu'un qui s'obstine à vouloir obtenir toutes les aides possibles et gratuites pour vivre ne réussit jamais correctement sa vie, car l'absence d'effort personnel finit par étouffer la dignité et la fierté d'exister par soi-même.

Si un jour, vous avez la chance de croiser Jésus dans la rue et qu'il vous demande QU'AS-TU FAIT DE TA VIE ?

Qu'allez-vous lui répondre ?

Il me semble que l'assistanat social, majoritairement présent dans les pays modernes, doit être un tremplin provisoire, étudié au cas par cas, et pas nécessairement financier. Il serait souvent plus utile de renseigner les personnes, de les orienter ou de les aider à s'en sortir un minimum par elles-mêmes, sans leur donner directement de l'argent. Car, bien souvent, l'argent donné fait l'objet d'abus considérables.

Si l'on donne de l'argent à une personne sans perspective d'évolution, elle peut s'habituer à cette situation et la considérer comme normale, oubliant les conditions ou les efforts attendus en échange.

« Il y a tant à faire pour celui qui veut faire. Il y a tant à donner pour celui qui veut donner. »

L'Homme prend soin de lui, mais qui prend soin de notre planète ?

> Nous sommes tous concernés et responsable de la santé de notre planète !

Notre planète nous nourrit, elle nous protège, elle nous soigne. Elle est notre père et notre mère à la fois. Elle est notre maison et notre terrain de jeu. Depuis des siècles, nous nous émerveillons devant elle, et nous y découvrons encore de nouvelles espèces d'animaux.

« L'Homme cherche à domestiquer la planète, à en prélever toutes les substances, à la pomper jusqu'au vide. Il la transforme sans ménagement, autant que nécessaire. Face à cette grandeur, nous resterons toujours insignifiants à côté d'elle. »

La vie sur Terre est un terrain d'apprentissage sur lequel nous devons nous réaliser, nous transformer et nous épanouir progressivement.

Alors, quelles sont les règles pour être épanoui ?

En vérité, il n'y en a pas. L'épanouissement est propre à chacun. Si je parle pour moi, je dirais que je ne me lève pas tous les matins en me posant la question : « Suis-je épanoui ? »

Mais en réalité, c'est précisément la question qu'il faudrait se poser avant d'entamer une journée !

Comment savoir si vous êtes épanoui, si vous ne vous posez pas sincèrement la question ?

Prenez un instant pour faire un retour sur vos derniers moments, afin de prendre en considération l'accumulation de votre réalité, qui, selon votre exigence, déterminera votre niveau d'épanouissement. Il n'y a pas de : je suis épanoui parce que j'ai gagné ceci ou cela. En réalité, selon votre état d'esprit, si vous le voulez, vous pouvez vous épanouir avec presque rien dans les poches.

« L'épanouissement est un état d'esprit. Une philosophie. »

Pour certains, un simple détail peut embellir leur journée, alors que pour d'autres, ce même détail passe inaperçu.

Pourquoi certains n'ont-ils pas le même état d'esprit, et restent toujours joyeux et optimistes ?

Pourquoi certains voient-ils le verre à moitié plein quand d'autres ne voient que le verre à moitié vide ?

> **« Le mental a un rôle très important dans notre épanouissement personnel ! »**

Pour les personnes ayant un regard critique sur tout, une exigence constante envers elles-mêmes et les autres, ou pour celles qui pensent ne jamais avoir de chance, déçues de ne pas avoir la vie dont elles rêvaient enfant, je réponds que l'on ne peut pas tout avoir dans la vie. Il faut faire des choix pour réussir ses priorités. Il faut se créer des occasions. Mais surtout, il faut faire un travail sur soi. Il faut s'efforcer de prendre du plaisir dans chaque action personnelle, même les plus insignifiantes, faire plaisir à son corps et à son mental. S'asseoir à la terrasse d'un café, regarder les gens dans la rue et imaginer ce que peut être leur vie, par exemple. Observer comment ils sont habillés, si les couples sont si bien assortis que cela.

> **LE LACHER-PRISE.**

Evitez le contrôle absolu. Soyez un peu égoïste. Pensez aussi à vous, sans pour autant oublier les autres.

Lâchez prise et apprenez à avoir confiance en vous !

Créez-vous des occasions de bien-être. Seul, puis dans des lieux publics, puis avec des groupes. Participez, faites-vous du bien, pensez à vous et aimez-vous. Regardez-vous. Faites un calendrier des choses que vous aimeriez faire et faites-les, comme une mission personnelle et intime.

Le théâtre est également une très bonne manière de vivre des aventures sans réellement les vivre. Votre coach vous éveillera. Vous découvrirez alors une autre personne en vous, celle que vous ne soupçonniez pas. Et, sans vous en apercevoir, vous changerez. Vous ne serez plus l'ancien vous. Vous découvrirez d'autres facettes de votre personnalité. Vous serez alors en phase d'épanouissement.

« Vous verrez probablement la vie sous un autre jour. »

Il est important d'apprendre à être positif et optimiste. Par exemple : Est-ce si grave s'il pleut ?

Réponse : Bien sûr que NON. Même si cela gâche votre rendez-vous ou vos activités, votre état d'esprit doit apprendre à relativiser et à percevoir le positif en premier.

Cela doit être un réflexe !

Alors, tentez de gagner à tous les coups. Dédramatisez. Même si quelqu'un vous insulte ou vous parle mal, dites-vous que vous avez affaire à quelqu'un qui n'a pas tout compris et qui ne veut pas comprendre.

Et puis, en réalité, sans vous en rendre compte, vous êtes déjà épanoui.

Vous ne l'êtes peut-être pas à 100 %, mais à 90 %, ou à 80 %, ou à 70 %, parfois à 60, 50, 45 ou 35 %. Certains jours plus que d'autres.

<u>MAIS TOUJOURS, EN PARTIE ÉPANOUI</u>.

Si vos idées sont régulièrement sombres, il est recommandé de prendre rendez-vous avec un psychologue qui tentera de comprendre avec vous l'origine de ces pensées. Plus vite vous trouverez la cause, et plus vite vous trouverez votre épanouissement.

Pour vous aider, tout dépend aussi de la qualité de votre environnement.

- Si vous avez des problèmes, remplacez ce mot par le mot expérience. (Il est toujours plus constructif de vivre une expérience, même difficile, que de subir un problème que l'on perçoit comme insurmontable.)

- Si vous vivez plusieurs événements démoralisants, notez-les par ordre d'importance et gérez une situation à la fois.

- Entourez-vous de bonnes personnes et éloignez-vous, au moins quelque temps, de celles qui vous démoralisent.

- Entrainez-vous à sourire devant un miroir et relevez la tête en marchant dans la rue.

- Ayez un objectif, un but, une ambition, un loisir ou une passion, et faites-vous plaisir.

- Soyez indulgent avec vous-même, car personne n'est parfait.

- Apprenez à pardonner et faites le bien autour de vous.

- Prenez du temps pour réfléchir et vous détendre dans le calme.

- Changez éventuellement de look, avec des couleurs plus claires.

- Revisitez votre intérieur et personnalisez votre logement.

- Variez votre alimentation, soyez curieux et inventif.

- Sortez visiter des lieux publics, des parcs, des villes, des villages ou des espaces naturels.

- Faites de l'exercice physique au moins une fois par semaine.

- Le but de votre vie n'est pas d'attendre éternellement que tout change sans faire d'effort, car c'est le meilleur moyen de soutenir le mal par la passivité.

- Embrassez votre vie. Votre existence n'a pas pour but que vous restiez éternellement petit, médiocre et déprimé.

- Comme pour nous tous, vous ne pouvez pas plaire à tout le monde, et ce n'est pas grave. Acceptez-le.

- Votre vie doit devenir une véritable œuvre d'art.

« En appliquant une partie de ces conseils, vous ressentirez certainement un changement progressif dans votre être intérieur, un mouvement discret mais profond vers plus de paix et de cohérence personnelle. »

CHAPITRE IV

Les Fondations d'une Civilisation Stable.

Avant même de parler de lois, d'institutions ou d'organisation mondiale, il faut revenir à l'essentiel. Une société ne peut être stable, pacifique et prospère que si les besoins fondamentaux de ses habitants sont satisfaits. Sans eau saine, sans environnement propre et sans conditions d'hygiène suffisantes, aucune éducation, aucune économie et aucune organisation politique durable ne peuvent réellement s'installer. L'équilibre du monde commence donc par des bases simples, concrètes et universelles.

Parmi ces fondations indispensables, l'une s'impose avec évidence !

L'hygiène, socle élémentaire de toute société civilisée, est la condition première de la santé publique. La priorité est sans nul doute la construction de sanitaires avec les infrastructures adéquates, notamment des réseaux d'égouts modernes, des systèmes d'assainissement fiables et des centrales d'épuration réellement efficaces.

Ces structures doivent être entreprises très rapidement afin d'éviter la pollution des sols et des eaux, sources directes de maladies infectieuses, qui touchent et tuent plusieurs dizaines de milliers de personnes chaque année.

Partout où les populations ne disposent pas des connaissances nécessaires, des formations à l'hygiène doivent être mises en place, notamment pour assurer le bon fonctionnement des sites d'épuration. Ces formations ne doivent pas se limiter aux aspects techniques, mais être diffusées auprès de l'ensemble des citoyens afin d'éradiquer les maladies liées au manque d'hygiène. L'apprentissage des gestes simples, des réflexes sanitaires et des comportements préventifs doit devenir une culture commune. Les bonnes habitudes d'hygiène doivent être expliquées et comprises dans la vie quotidienne. L'objectif est que chaque population puisse devenir pleinement autonome et indépendante dans la gestion de sa santé et de son environnement.

« Si l'eau potable n'est pas suffisamment présente ou en baisse dans certaines régions ou pays, l'hygiène ne pourra jamais être totale. »

Des études doivent être effectuées par les pays favorisés afin de pouvoir installer les structures adaptées pour le futur, en tenant compte des évolutions climatiques et des contraintes environnementales à long terme. Par exemple, nous savons que la sécheresse limitera le débit d'eau potable de certaines rivières dans certaines régions de certains pays. Le niveau d'eau des lacs sera également impacté, provoquant un déséquilibre des écosystèmes locaux. Ainsi que les puits ou nappes phréatiques qui se réduiront, puis s'assécheront.

> L'eau est un bien commun et non un bien individuel.

Elle fait partie des produits précieux à protéger, au même titre que l'air ou la terre nourricière. Il est donc nécessaire d'implanter des structures en conformité avec les réserves naturelles disponibles sur les sites géographiques, en fonction des quantités naturelles disponibles.

Afin d'anticiper les pénuries d'eau à venir, et avant d'atteindre le niveau critique, chaque habitation raccordée au réseau d'eau commun, devra être équipée d'un compteur à limitation de débit, piloté électroniquement à distance. Ainsi, afin d'éviter le jour zéro correspondant au jour où l'eau ne coule plus dans le robinet, le débit pourra être limité pendant certaines périodes de certaines zones, afin d'assurer une répartition équitable des ressources. Les forages d'eau devront également être enregistrés administrativement et dotés d'un compteur de soutirage. Suivant l'étude du niveau de la nappe d'eau, une réglementation pourra être mise en place.

Cette régulation sera indispensable pour éviter le gaspillage et les abus de consommation, notamment lorsque les nappes phréatiques ne peuvent pas se régénérer en l'absence de précipitations.

Les responsables communaux, en particulier les maires, sont en première ligne pour anticiper et contrôler les besoins en eau de leurs administrés. Il est donc essentiel d'évaluer avec précision les réserves disponibles avant toute décision d'urbanisation. Autoriser de nouvelles constructions dans des communes déjà soumises à des restrictions saisonnières serait une erreur de gestion. Les habitants, parfois installés depuis plusieurs générations, n'ont pas à subir les conséquences de décisions prises sans garantie d'approvisionnement.

Si des pénuries surviennent, la responsabilité incombera davantage aux choix d'aménagement qu'au simple hasard climatique.

On peut aussi penser au jeune couple qui s'installe dans une commune, contracte un crédit sur plusieurs décennies, et se retrouve, dès le premier été de sécheresse, sans eau suffisante pour sa famille ou son potager. Une telle situation ne devrait pas être possible dans une planification territoriale responsable.

Dans les zones touristiques, comme pour toute nouvelle construction, il sera donc nécessaire de fixer un seuil maximal d'habitants en fonction des ressources naturelles disponibles. L'urbanisation doit être pensée à partir des capacités réelles du territoire, et non l'inverse. Il ne serait pas sérieux d'accueillir de nouveaux habitants si la commune ne peut pas garantir un accès suffisant à l'eau pour tous. Si certains villages ou certaines villes viennent à manquer d'eau, notamment en période estivale, ils devront, le cas échéant, être réorganisés ou progressivement déplacés vers des zones où la ressource est plus abondante.

Un registre public national pourrait ainsi être mis en place, classant les villes et villages (en zone rouge ou verte) selon le rapport entre leur population et la quantité d'eau réellement disponible et accessible. Cet outil permettrait d'orienter de manière transparente les politiques d'aménagement et d'éviter les situations de tension. Il encadrerait notamment les nouvelles constructions, les exploitations hôtelières, le tourisme chez l'habitant ainsi que l'implantation d'usines ayant des besoins en eau importants.

Si l'eau venait à se raréfier dans les années à venir, alors que la population continue d'augmenter, il deviendrait nécessaire de mener des recherches souterraines afin d'identifier de nouvelles nappes phréatiques sur le territoire et d'implanter les futurs villages dans des zones adaptées.

« L'eau ne pourra plus et ne devra plus être gaspillée. »

L'irrigation agricole devra également être régulée selon les régions, les cultures et la pression démographique, en particulier dans les zones à fort risque de pénurie. Les pratiques agricoles et les habitudes alimentaires devront évoluer vers des modèles plus sobres et durables.

De même, les entreprises d'embouteillage ou de pompage d'eau de source destinées à la commercialisation, lorsqu'elles sont situées dans des zones où la ressource diminue, devront être délocalisées, voire interdites d'exploitation, dans l'intérêt du bien commun.

A moins que l'Homme puisse arriver à maîtriser la météo ?

Si nous pouvions apprivoiser la météo et faire pleuvoir là où c'est utile, ce serait extraordinaire. L'Afrique pourrait enfin faire toutes les cultures qu'elle souhaite. Sauf que ce n'est pas possible. Par le passé, plusieurs tentatives ont été expérimentées. Durant le 20e siècle, plusieurs idées ont commencé à émerger. Plusieurs projets furent entrepris par des chercheurs qui travaillaient sur la géo-ingénierie, mais sans résultats véritablement concluants. À cette époque, le but de ces recherches était exclusivement dédié à la guerre afin de générer des intempéries sur des zones ennemies pour les perturber.

C'était aussi le projet de la CIA, qui avait financé une étude scientifique à hauteur de 630 000 dollars. Mais encore une fois, pas pour une aide légitime. En réalité, la véritable raison était le contrôle du climat. Car qui contrôle le climat, détient potentiellement une forme de pouvoir stratégique considérable.

En 1996, un projet avait de nouveau été demandé par des officiers de l'armée américaine pour être capable de maîtriser les conditions atmosphériques. Cependant, il est peu probable que cette technologie voie le jour, en raison de contraintes économiques, de difficultés techniques, de l'imprécision des zones d'intervention, des effets imprévisibles sur les régions voisines et des risques potentiels de dégradation de l'atmosphère.

Pour que l'atmosphère soit artificiellement refroidie, il faudrait injecter une quantité de 5 à 10 millions de tonnes de particules de SO_2 (dioxyde de soufre). Ces particules ayant une durée de vie d'environ une année, le projet ne pourrait être efficace que si cette injection était renouvelée chaque année, ce qui impliquerait une intervention permanente et coûteuse sur le système climatique mondial. Pour ce faire, l'injection devrait s'effectuer dans la stratosphère, entre 15 et 25 km d'altitude environ, afin de générer un voile réfléchissant. Ce voile ne pourrait pas être installé n'importe où autour de la planète, car il dépendrait fortement de la vitesse et de l'orientation des vents stratosphériques, rendant son contrôle extrêmement complexe et incertain.

On pourrait alors imaginer des avions en batterie, très puissants et capables d'atteindre ces altitudes pour diffuser le dioxyde de soufre. Mais, à ce jour, ces solutions technologiques n'existent pas à l'échelle requise et ces hypothèses n'ont jamais été expérimentées à grande ampleur. Personne ne connaît avec précision les réactions chimiques que cela pourrait provoquer, notamment sur la couche d'ozone. En altérant volontairement le climat, la difficulté ne consiste pas seulement à refroidir l'atmosphère, mais à générer de la pluie exactement là où elle manque. Or, le climat n'est pas un interrupteur mécanique que l'on actionne à volonté. Il ne s'agit pas d'appuyer sur un bouton pour obtenir de l'eau entre 7 h et 10 h du matin au-dessus d'une zone parfaitement délimitée.

Si le procédé fonctionnait partiellement, mais aux mauvais endroits, et qu'il provoquait des inondations dans des villes ou des villages, qui en assumerait la responsabilité ?

Il existerait nécessairement des risques incontrôlables, notamment diplomatiques, avec des pays refusant toute modification artificielle du climat au-dessus de leur territoire. La question ne serait plus seulement scientifique, mais géopolitique et juridique.

De plus, si un tel scénario était engagé, il devrait être poursuivi sur plusieurs décennies afin d'obtenir un effet stabilisateur durable, notamment par la régénération progressive de la végétation au sol. Si les injections étaient interrompues après quelques années seulement, le réchauffement climatique pourrait reprendre brutalement, avec un effet d'accélération plus chaud et plus sec qu'auparavant. Le remède risquerait alors d'aggraver la maladie.

À l'heure actuelle, les moyens de modification climatique restent limités. Dans la troposphère, il est possible d'ensemencer certains nuages avec de l'iodure d'argent afin de provoquer des précipitations. Il est également envisageable de dissoudre ou détourner des nuages pour sécuriser un événement ponctuel. Toutefois, il demeure impossible de créer des nuages ex nihilo dans la première couche de l'atmosphère.

Si un jour une technologie de contrôle climatique pacifique voyait le jour, elle pourrait venir en aide aux régions victimes du réchauffement. Peut-être nos enfants inventeront-ils des solutions capables de générer de la pluie là où elle manque cruellement. À condition qu'ils disposent des connaissances nécessaires.

C'est ici que l'éducation devient centrale !

L'école doit faire partie intégrante du paysage urbain et rural, dans toutes les régions du monde, car elle constitue le moteur du progrès humain et de l'autonomie des peuples. Chaque enfant, comme chaque adulte désireux d'apprendre, doit pouvoir accéder à un centre scolaire. L'importance de l'instruction doit être comprise collectivement afin d'aboutir progressivement à une obligation éducative universelle.

Il est également nécessaire que les programmes scolaires de chaque nation soient sensiblement identiques. Cela évite ainsi les potentielles dérives idéologiques susceptibles d'être récupérées par des mouvements religieux ou sectaires. De plus, la socialisation des enfants est primordiale pour former des adultes responsables et respectueux. La vie en société nécessite une attention particulière, fondée sur l'apprentissage du respect mutuel, de la compréhension et de la solidarité, afin de vivre ensemble en s'aimant, en se comprenant et en se respectant.

L'épanouissement personnel dans un monde de bienveillance ne peut être inculqué par des non-professionnels. Les enseignants devront obligatoirement posséder les qualifications nécessaires. Les directeurs d'établissement auront ainsi une responsabilité qui ne se résumera pas seulement à la gestion administrative, mais également au respect rigoureux des programmes par les professeurs ainsi qu'au contrôle continu de leurs compétences pédagogiques. Les professeurs devront être régulièrement évalués, notamment sur l'application effective des méthodes d'apprentissage, afin de garantir la performance et la progression des élèves.

Des concours entre pays devront également être mis en place pour stimuler les élèves. À leur tour, les établissements devront afficher leur taux de réussite sur l'ensemble du territoire national, dans un souci de transparence et d'amélioration continue. Dans le même temps, la construction d'écoles seule ne peut suffire au développement d'une société sans les structures de base telles que les réseaux d'hygiène, d'assainissement et d'alimentation en eau potable, indispensables dans les villes comme dans les villages.

Personne ne peut contester l'ensemble de ces besoins fondamentaux. Cependant, d'autres exigences sont tout aussi indispensables. Comme par exemple, l'accès aux soins et à la sécurité. Là encore, pour un bien-être généralisé, la santé et la sécurité constituent des bases essentielles à mettre en place. Il va de soi que devenir médecin requiert des compétences d'excellence, acquises au sein d'établissements d'enseignement supérieur exigeants. Ainsi, un nombre suffisant de médecins formés devrait s'implanter à travers chaque pays, assurant une couverture sanitaire équilibrée sur les territoires.

Chaque zone habitée devra disposer d'un pourcentage minimal de médecins disponibles et consultables. Il est évident que les structures médicales doivent être viables et pérennes afin d'assurer, dans la durée, un service continu à la population.

Pour garantir une répartition suffisante de médecins dans l'ensemble des territoires, y compris les zones les plus isolées, un dispositif d'affectation pourrait être mis en place à l'issue de la formation.

Lors de l'obtention de son diplôme, le futur médecin devrait formuler deux vœux d'installation.

S'il souhaite ouvrir un cabinet, son premier vœu correspondrait à la localité de son choix. Toutefois, si cette zone est déjà suffisamment pourvue en médecins, il devrait alors choisir parmi une liste de territoires sous-dotés qui lui seraient proposés par l'ordre des médecins. Il exercerait ensuite son activité dans cette zone pour une durée de dix ans.

À l'issue de cette période, deux options s'offriraient à lui. Rester dans la même zone ou s'installer ailleurs, dans la localité de son choix. À défaut de solution plus efficace, ce type de dispositif constitue l'un des moyens les plus concrets pour assurer une répartition équilibrée des médecins sur l'ensemble du territoire.

Mais la présence de professionnels de santé ne suffit pas à elle seule à garantir un système juste. Encore faut-il que chacun puisse réellement accéder aux soins. Les faibles revenus, voire l'absence de revenus, ne doivent en aucun cas constituer un obstacle à l'accès aux soins. Tous les patients doivent être correctement soignés, sans discrimination sociale ou financière.

Cependant, les soins ont un coût réel. Les professionnels de santé, les équipements médicaux, la recherche et les médicaments représentent des dépenses considérables. Il est donc indispensable d'établir des règles claires, rigoureuses et équitables pour organiser leur financement.

La solution la plus juste consiste à instaurer une cotisation prélevée sur les revenus des travailleurs, selon un principe de solidarité déjà appliqué dans plusieurs pays. Ce système, comparable à une sécurité sociale, reposerait sur une contribution modérée garantissant la prise en charge des soins essentiels. Les soins dits de confort ou non indispensables n'entreraient pas dans ce cadre. Le reste à charge serait assumé par le patient, après une évaluation médicale gratuite et l'acceptation préalable d'un devis détaillé.

Toutefois, certaines personnes sont sans emploi ou ne disposent pas d'un revenu stable. Subvenir à ses besoins est la base de l'autonomie individuelle, mais aucun système solidaire n'est parfait. L'une de ses limites réside dans la difficulté à identifier les abus. Par exemple, lorsqu'un patient se plaint d'une douleur, le médecin doit agir avec prudence et responsabilité. Même en cas de doute, il ne peut ignorer la plainte et orientera vers des examens ou des spécialistes si nécessaire. Cela peut entraîner des consultations, des analyses, l'utilisation d'appareils coûteux et la prescription de traitements, même si, parfois, les symptômes s'avèrent bénins ou faux.

Il arrive également que des personnes se rendent aux urgences pour des problèmes mineurs. Ces situations, ajoutées les unes aux autres, encombrent les services hospitaliers et retardent la prise en charge des véritables urgences.

Les abus existent et représentent un coût important pour l'ensemble des cotisants, y compris pour ceux qui contribuent toute leur vie sans être souvent malades. Réduire ces dépenses passe d'abord par la prévention. Éviter de tomber malade reste la manière la plus efficace de limiter les coûts. Or, certains comportements favorisent les problèmes de santé. Comme la mauvaise alimentation, la sédentarité, l'excès d'écrans engendrant le manque de sommeil, la consommation excessive d'alcool, le tabagisme ou l'usage de drogues. Ces habitudes pèsent à long terme sur l'individu comme sur la collectivité.

À titre personnel, le fait de voir une partie de mon salaire prélevée chaque mois pour financer les soins de personnes qui ne prennent pas soin de leur santé suscite un sentiment d'injustice. Cette situation amène à s'interroger sur la possibilité d'introduire une certaine forme de responsabilisation.

Par exemple, certaines personnes fument en toute connaissance des risques et affirment qu'il faut bien mourir un jour. Dans ce cas, on pourrait imaginer qu'elles acceptent, de manière volontaire et éclairée, une forme d'engagement reconnaissant les conséquences possibles de leur choix, et qu'elles en assument la responsabilité en cas de maladie cancéreuse liée au tabagisme, en prenant en charge l'intégralité des frais de leurs soins. Ainsi, la personne assumerait pleinement sa décision, sans que le système de sécurité sociale n'ait à supporter ces dépenses.

Malgré les campagnes de prévention et les avertissements présents sur les paquets de cigarettes, si une personne choisit de fumer, ce choix doit être respecté, mais ses conséquences doivent l'être également.

Dans cette logique, des exclusions de prise en charge pourraient être envisagées pour certaines maladies directement liées aux addictions, comme l'alcoolisme, la consommation de drogues, l'obésité sévère ou le tabagisme. Une personne ayant recours à l'une de ces substances pourrait, par exemple, ne pas bénéficier d'un financement pour les soins directement liés à ces comportements.

Une telle approche viserait à introduire davantage de responsabilité individuelle dans le système, tout en maintenant le principe général de solidarité pour les soins essentiels.

Pour limiter les hospitalisations évitables, l'éducation apparaît comme un levier essentiel. Dès les premières années de scolarité, il est fondamental d'enseigner les bases d'une bonne nutrition, d'une hygiène de vie équilibrée et du fonctionnement du corps humain. Comprendre comment surviennent les maladies, comment se protéger des infections, comment renforcer ses défenses immunitaires et comment préserver sa santé physique et mentale. Cela permettra de former des adultes plus responsables et plus autonomes.

Investir dans la prévention et l'éducation sanitaire constitue sans doute l'un des moyens les plus durables de concilier solidarité, responsabilité individuelle et équilibre financier du système de santé.

Pour que chacun puisse avoir accès aux soins, deux principes devraient pouvoir être mis en place par les médecins !

On pourrait distinguer deux formes principales de prise en charge médicale, correspondant à des besoins et à des approches différentes : le soin classique, relevant du parcours médical conventionnel, et le soin parallèle, reposant sur des méthodes plus douces et des modalités de paiement plus souples.

Le soin classique correspondrait au cycle médical habituel. Il s'agirait d'une consultation auprès d'un médecin généraliste agréé, comprenant un examen, des conseils et, si nécessaire, une prescription médicamenteuse ou l'orientation vers des examens complémentaires. La consultation serait réglée par le patient, puis remboursée par les assurances ou le système de protection sociale selon les modalités prévues. Ce type de prise en charge concernerait les pathologies nécessitant un suivi médical standard, des traitements pharmaceutiques ou une intervention technique.

Le soin parallèle, quant à lui, relèverait d'une approche plus modérée et préventive. La consultation serait également réalisée par un médecin généraliste agréé, mais orientée vers des conseils d'hygiène de vie, des solutions naturelles, des méthodes de prévention ou des remèdes non médicamenteux. Dans ce cadre, la consultation pourrait être réglée de manière alternative, par exemple sous forme de troc, d'échanges de services ou de participation communautaire. Ce type de prise en charge ne serait pas couvert par l'assurance publique, puisqu'il ne relèverait pas du parcours médical conventionnel.

Cette distinction permettrait de maintenir un système de santé solide pour les soins indispensables, tout en laissant une place à des approches plus douces, préventives et accessibles, fondées sur la responsabilité individuelle et les solidarités locales.

« La santé coûte beaucoup d'argent et le malade est dans de nombreux cas, responsable de son hygiène de vie physique ! »

Aussi, on pourrait envisager la mise en place d'un système de bonus–malus appliqué aux cotisations de sécurité sociale, fondé sur le mode de vie et l'état de santé général des assurés. L'objectif d'un tel dispositif ne serait pas de sanctionner, mais d'encourager les comportements favorables à la santé et de renforcer la prévention, afin de réduire les maladies évitables et les coûts collectifs.

À partir de l'âge de 50 ans, un bilan de santé approfondi et obligatoire pourrait être instauré, puis renouvelé tous les cinq ans. Ce contrôle médical permettrait d'évaluer l'état de santé global du patient ainsi que ses habitudes de vie. L'objectif serait de mieux connaître sa situation clinique grâce à une auscultation complète, des analyses sanguines, une évaluation de la capacité respiratoire et de l'essoufflement à l'effort, ainsi qu'un questionnaire détaillé portant sur l'alimentation, l'activité physique, la consommation d'alcool, le tabagisme, la qualité du sommeil et la gestion du stress, autant de facteurs reconnus pour leur impact majeur sur la santé.

Afin de garantir l'objectivité de l'évaluation et d'éviter toute tension ou complaisance, ce bilan serait réalisé par un médecin généraliste indépendant du cadre familial ou habituel. L'examen pourrait prendre la forme d'un entretien médical complété par un questionnaire standardisé, permettant d'établir un diagnostic global du mode de vie du patient.

Sur la base de cette évaluation, un ajustement des cotisations pourrait être appliqué. Soit par un <u>bonus</u> pour les personnes adoptant un mode de vie équilibré, réduisant ainsi les risques de maladies chroniques. Soit par un <u>malus</u> pour celles dont les comportements augmentent les risques pour leur santé. Comme le tabagisme, la sédentarité, une alimentation excessivement calorique ou la consommation abusive d'alcool.

Ce système aurait pour but de responsabiliser chacun face à sa propre santé, tout en préservant le principe de solidarité du système. Il inciterait les individus à adopter de meilleures habitudes de vie, non par contrainte, mais par un mécanisme d'encouragement concret et mesurable.

Dans cette logique, la prévention deviendrait un pilier central du financement de la santé. Un tel dispositif pourrait contribuer à améliorer la qualité de vie de la population, à réduire les maladies évitables et à alléger durablement les dépenses collectives de santé.

Mais pour alléger les dépenses, il faut regarder encore plus large !

Notamment sur les grands groupes pharmaceutiques qui fabrique nos médicaments. La recherche médicale représente un travail long, complexe et coûteux. Les grandes entreprises pharmaceutiques jouent un rôle essentiel dans la découverte de nouveaux traitements et de nouvelles molécules capables de sauver des millions de vies. Il est donc normal que ces innovations soient protégées et que les laboratoires puissent rentabiliser leurs investissements.

Cependant, lorsque certaines découvertes ont une utilité vitale avérée pour l'humanité, la logique purement commerciale ne peut pas être la seule règle. Il existe aujourd'hui des situations où des médicaments essentiels restent inaccessibles à des millions de personnes en raison de prix trop élevés, liés à des brevets prolongés ou à des stratégies commerciales abusives.

Dans un monde plus équilibré, il serait possible d'instaurer un cadre international encadrant les brevets sur les médicaments vitaux. Le principe serait le suivant :

- Lorsqu'un traitement majeur est découvert et reconnu d'utilité publique mondiale, s'il doit est validé scientifiquement, et rester protéger pendant une durée raisonnable.

- Passé ce délai, si le médicament est jugé indispensable à la survie ou à la santé de populations entières, les brevets pourraient être réduit par l'organisation mondial de la santé ou la haute autorité de santé.

- Les États ou les organisations sanitaires internationales pourraient alors autoriser la production de médicaments génériques à grande échelle.

Une telle mesure permettrait à tous les pays, y compris les plus pauvres, de produire localement les traitements nécessaires pour sauver des vies. Cela réduirait les inégalités d'accès aux soins et éviterait que des populations entières soient privées de médicaments pour des raisons uniquement financières.

L'objectif ne serait pas de pénaliser l'innovation, mais de trouver un équilibre entre la rémunération de la recherche et le droit fondamental à la santé. Les laboratoires continueraient d'être rémunérés pour leurs découvertes, mais les traitements essentiels ne pourraient pas devenir des produits de luxe.

Dans cette vision, la santé ne serait plus un privilège réservé à certains pays ou à certaines classes sociales, mais un bien commun mondial, protégé par des règles justes et équilibrées.

Cependant, pour que ce principe prenne tout son sens, il ne suffit pas de garantir l'accès aux soins et aux traitements. Il faut également investir dans l'éducation et la prévention. La santé ne repose pas uniquement sur les hôpitaux, les médecins ou les médicaments. Elle commence d'abord par la connaissance. Une population bien informée, capable d'adopter les bons réflexes au quotidien, tombe moins souvent malade, réagit mieux face aux accidents et contribue à alléger la charge du système de soins.

Dans cette logique, il serait souhaitable de créer des centres de formation médicale universelle gratuits, accessibles dans chaque ville et chaque village de chaque pays. Leur mission ne serait pas de remplacer les professionnels de santé, mais de transmettre à la population les bases essentielles permettant de préserver sa santé et celle des autres.

Ces centres pourraient être gérés par des organismes agréés, indépendants et contrôlés par les autorités sanitaires. Afin de toucher les zones rurales ou isolées, ces structures pourraient fonctionner de manière mobile, par exemple sous forme de bus de formation itinérants. Dans les villes, ils pourraient utiliser les salles communales, les établissements scolaires, les centres sociaux ou toute autre infrastructure disponible.

Les formations proposées seraient simples, concrètes et adaptées à tous les publics. Elles porteraient notamment sur :

- Les gestes de premiers secours en cas d'accident.

- Les réflexes à adopter face à un incendie, une noyade ou un malaise.

- Les bases de l'hygiène personnelle et domestique.

- Les règles d'alimentation équilibrée.

- Le fonctionnement du corps humain et du système immunitaire.

- Les comportements à adopter pour éviter la propagation des maladies.

L'objectif serait de créer une culture sanitaire commune, accessible à tous, quel que soit le niveau social, le lieu de vie ou le niveau d'éducation. Une population formée et consciente des enjeux de santé publique constitue le premier rempart contre les épidémies, les accidents domestiques et les maladies évitables.

Pour que cette culture sanitaire commune porte pleinement ses fruits, il ne suffit pas de transmettre des connaissances, il faut également structurer l'accès aux soins de manière équitable, efficace et raisonnablement répartie sur l'ensemble des territoires. Ainsi, la prévention et la formation doivent être complétées par des infrastructures adaptées, capables de répondre rapidement à toute urgence sanitaire. Les centres hospitaliers devront être construits dans chaque zone proportionnellement à la population. Les services d'urgence seront accolés aux hôpitaux et l'ensemble de ces centres de santé devra être géré et financé par des antennes d'une organisation mondiale indépendante. En cas d'épidémie dépassant un certain seuil, les États ne pourront exercer aucune influence politique sur la gestion sanitaire. Ils devront déléguer la responsabilité des décisions finales à cette autorité mondiale.

Afin d'éviter tout conflit d'intérêts, manipulation ou manœuvre politique, l'organisation de la santé, en cas de pandémie, devra être confiée à cette instance internationale, qui veillera, en collaboration avec chaque pays, à la protection des citoyens. La santé ne doit jamais devenir un instrument de pression électorale ou un levier pour l'adoption de lois opportunistes. Les responsables politiques n'ont ni vocation ni compétence scientifique directe dans le domaine médical.

Seule une autorité mondiale composée de scientifiques reconnus, de gestionnaires expérimentés, de personnalités impartiales, disposant d'au moins vingt années d'expérience, indépendantes financièrement et intellectuellement, pourra analyser et gérer une infection contagieuse grave, sur la base de tests rigoureux et d'une transparence totale.

« C'est l'une des questions les plus essentielles sur lesquelles nous devons concentrer notre réflexion pour l'avenir. »

Nous constatons aujourd'hui que de nombreux scientifiques et virologues entretiennent des liens d'intérêt avec de grandes entreprises pharmaceutiques ou industrielles, ce qui peut fragiliser leur indépendance et altérer la confiance publique.

Avec le développement des technologies nanoparticulaires, appelées à inonder le marché international, une vigilance accrue devra être instaurée afin d'éviter toute dérive visant certaines catégories de population ou encouragée par des scientifiques peu scrupuleux. Une autorité mondiale indépendante devra analyser chaque projet en profondeur, en comprendre l'utilité réelle, vérifier rigoureusement les essais cliniques, centraliser et croiser les données scientifiques, évaluer objectivement les risques encourus pour des tranches de population précises, puis autoriser ou refuser toute mise en application à grande échelle.

Ainsi, il ne sera pas permis d'utiliser ou de manipuler les peuples à des fins d'enrichissement personnel, ni de les induire en erreur sur la base de convictions idéologiques ou d'interprétations excessives concernant un virus plus contagieux mais à la létalité comparable à celle d'une grippe sévère. Nul ne devra s'improviser expert pour orienter l'opinion publique et susciter artificiellement l'adhésion par la peur.

La peur génère le mal-être. Elle influence les marchés financiers, déstabilise les économies, fragilise l'équilibre psychologique des individus, favorise l'apparition ou l'aggravation de troubles dépressifs et peut accentuer les comportements suicidaires. L'expérience récente démontre qu'une pathologie légèrement plus contagieuse peut suffire à terroriser une population entière et à justifier l'instauration d'une succession de règles contraignantes, parfois liberticides, dont l'efficacité demeure scientifiquement discutée.

Dans un tel climat d'incertitude et d'angoisse collective, les répercussions ne sont pas seulement sanitaires ou psychologiques. Elles touchent aussi le monde du travail, l'activité économique et la stabilité professionnelle des individus, faisant réapparaître ou s'aggraver certaines fragilités sociales déjà existantes.

Le chômage a toujours été un véritable problème, car parmi les chômeurs, certains prennent ce temps comme des vacances, sans réelle recherche d'emploi. Globalement, la gestion du système français semble plutôt raisonnable. Si les chômeurs ont droit au chômage, c'est qu'à un moment donné, ils ont travaillé.

Cependant, ce qui pose davantage problème concerne les aides liées au RSA, notamment pour ceux qui ne travaillent plus depuis longtemps. Le Revenu de Solidarité Active est destiné à ceux qui en ont le plus besoin. Mais dans ce domaine, les fraudes sont perçues comme nombreuses, même si officiellement les chiffres indiquent le contraire.

Comme vous le savez, il existe des personnes qui n'aiment pas travailler, et ce choix relève de leur liberté individuelle. La situation devient plus problématique lorsque certains cherchent à percevoir des aides tout en maintenant volontairement des conditions de vie précaires, afin de prolonger cette situation le plus longtemps possible.

Un système d'aide sociale réellement juste ne peut pas se limiter à verser une allocation. Il doit à la fois protéger les personnes en difficulté, préserver l'équité entre les citoyens et encourager le retour à l'autonomie. L'objectif n'est pas seulement de compenser une absence de revenus, mais de créer un cadre qui permette à chacun de retrouver une situation stable et digne, sans créer de dépendance durable aux aides publiques.

La première condition d'un tel système est de garantir une aide financière correcte. Toute personne sans ressources doit pouvoir subvenir à ses besoins essentiels, comme se loger, se nourrir, se chauffer et se soigner. Cette aide doit assurer une vie digne, sans devenir plus avantageuse que le travail. L'équilibre est essentiel. Elle doit protéger sans décourager l'activité.

Pour que ce système reste crédible, des contrôles efficaces sont nécessaires. Il ne s'agit pas de stigmatiser les bénéficiaires, mais d'assurer une égalité de traitement et de limiter les abus. La fraude à l'isolement constitue l'un des manquements les plus fréquents. Elle consiste à se déclarer célibataire ou parent isolé tout en vivant en couple, afin de conserver un montant d'aide plus élevé. Dans ce contexte, les organismes de contrôle croisent désormais différentes données administratives et financières pour détecter ces situations.

L'omission volontaire de ressources représente une autre forme courante de fraude. Comme le RSA est calculé en fonction des revenus, certains peuvent être tentés de dissimuler des activités rémunérées, notamment du travail non déclaré ou des revenus issus de plateformes. Dans ce domaine, le contrôle reste particulièrement difficile. Toutefois, si la monnaie physique était remplacée par une monnaie entièrement numérique, le travail dissimulé deviendrait impossible. Sans possibilité de travail dissimulé, les personnes seraient contraintes de déclarer leurs activités, ce qui limiterait les abus liés aux aides sociales.

En parallèle, il est essentiel d'offrir une incitation claire à reprendre un emploi. Le travail doit toujours être plus avantageux que l'inactivité. Pour cela, l'aide peut être maintenue partiellement lors d'une reprise d'activité, puis diminuer progressivement à mesure que les revenus augmentent. Chaque heure travaillée doit améliorer concrètement la situation financière.

Enfin, l'aide sociale doit être accompagnée d'une obligation réelle de formation et d'insertion. L'objectif n'est pas de sanctionner, mais de responsabiliser et de favoriser l'autonomie. Les bénéficiaires peuvent être orientés vers des formations adaptées ou vers des métiers en tension. En contrepartie de l'aide perçue, ils s'engagent à participer activement à ces démarches et à accepter des offres d'emploi raisonnables.

Un système véritablement équitable repose ainsi sur un équilibre clair entre droits et devoirs. La collectivité garantit une aide suffisante et un accompagnement structuré et des perspectives de formation. En retour, chacun doit déclarer honnêtement sa situation et s'inscrire dans une dynamique de retour à l'autonomie. C'est dans cette articulation entre solidarité et responsabilité que peut se construire un modèle social à la fois protecteur, crédible et durable. Mais pour que cet équilibre fonctionne réellement, encore faut-il que chacun puisse accéder aux dispositifs existants. Un droit qui n'est pas connu ou compris devient un droit inutilisé, et donc inefficace. La solidarité ne se mesure pas seulement à l'existence des aides, mais aussi à leur accessibilité et à la clarté des démarches permettant d'en bénéficier.

Les aides personnalisées proposées par l'État ou par d'autres organismes sont souvent mal connues des citoyens. Chaque année, des milliers de personnes disposent de droits dont elles ignorent l'existence. Ces droits, lorsqu'ils ne sont pas demandés, ne sont généralement pas rétroactifs. Il en résulte une perte d'aide pour les plus fragiles, souvent liée à la complexité administrative ou au manque d'information.

Il est donc indispensable, et cela ne saurait être acceptable autrement, que, sur la base des déclarations préalablement effectuées et enregistrées informatiquement dans le profil du bénéficiaire, chaque aide soit automatiquement versée sur son compte, sans aucune démarche supplémentaire. « Sans que celui-ci en ait fait la demande. » Ainsi, le citoyen n'aura plus à s'organiser pour réclamer ce qui lui revient de droit. L'aide sera versée automatiquement. En cas d'erreur de sous-paiement, il appartiendra néanmoins au bénéficiaire d'en vérifier le montant et d'en demander la rectification.

À l'inverse, pour les personnes en fin d'activité professionnelle, le futur retraité n'aura pas à rechercher ni à justifier ses années de travail. L'administration se chargera de cette vérification, sous le contrôle du bénéficiaire, garantissant ainsi une transparence totale et l'élimination des erreurs bureaucratiques. Dès la déclaration d'inactivité, une allocation retraite sera versée le mois suivant, calculée proportionnellement aux années travaillées, au coût de la vie et aux salaires perçus durant la carrière, assurant ainsi un maintien immédiat du pouvoir d'achat.

114

CHAPITRE V
Organisation Sociale et Ordre Mondial.

De la même manière que l'on garantit à chacun une retraite équitable, il est essentiel d'assurer à tous la sécurité, condition préalable à toute liberté réelle. Pour toutes les situations litigieuses ou conflictuelles, la protection de la population doit être effective et immédiate. La moindre violence doit être sanctionnée sans délai, car l'impunité constitue le terreau de la désorganisation et de la décadence. Cette sécurité, indispensable pour se prémunir contre les comportements malveillants, doit être présente sur chaque territoire, sans laisser de zones de non-droit.

Elle devient ainsi un socle fondamental de stabilité pour les peuples, générant sérénité et bien-être collectif. Elle garantit la fluidité des interactions humaines, le respect des règles, la protection contre les trafics et les dangers physiques, psychologiques ou matériels. Elle contribue également à préserver la santé des individus en réduisant le stress lié à l'insécurité et en créant un environnement où chacun peut évoluer sereinement.

Des centres de police devront être répartis et implantés stratégiquement sur l'ensemble des territoires. En fonction du nombre de la population, le nombre de policiers doit être strictement proportionnel afin de garantir une proximité réelle et une réactivité optimale. Ces agents de l'État doivent être formés en fonction de leurs antécédents, de leur mentalité et suivant un questionnaire répondant à des critères fondamentaux très précis, visant à déceler toute faille psychologique ou éthique. Au-delà des exercices sur le terrain et des périodes d'essai, leur intégrité morale sera considérée comme le pilier central de leur fonction. Il faudra engager des personnes sérieuses, empathiques et volontaires, et non des « cow-boys » dénués de discernement qui confondent autorité et brutalité.

Autant pour les agents de l'État que pour chaque lieu public, la technologie devra être déployée afin de fonctionner comme un véritable bouclier protecteur. Chaque agent devra être équipé de caméras enregistrant l'intégralité de ses interventions, avec un stockage automatique sur une plateforme externe centralisée. En cas de litige ou d'altercation, ces vidéos, avec le son, constitueront une preuve objective des événements, à charge ou à décharge des individus concernés.

Le principe de la caméra n'est certainement pas très populaire et beaucoup critiqueront une potentielle atteinte à la liberté d'aller et venir, mais cette sécurité préventive et factuelle ne pourra pas se faire autrement. La caméra dérange, mais quand un cambriolage est en cours, le viol d'une femme, le meurtre d'un individu, une escroquerie quelconque ou l'agression d'une personne âgée, la caméra permet de caractériser précisément l'événement, les complices, les conditions et les détails chronologiques. Elle permet d'interpeller les individus sur la base de preuves irréfutables, de reconstruire le cheminement d'un pervers ou de reconnaître l'immatriculation d'un véhicule en fuite.

C'est pour toutes ces raisons que la caméra est un avantage majeur pour la paix sociale. Elle permet aussi la reconnaissance faciale, la mesure instantanée de la température du corps humain, et elle est également capable de reconnaître une arme par analyse de forme et d'alerter automatiquement les secours avant même qu'un coup ne soit porté. L'État doit s'organiser pour améliorer constamment notre sécurité et notre bien-être en toutes circonstances. Il est également très important de souligner que l'État doit être scrupuleusement juste avec le peuple. Il ne doit pas lui donner l'impression qu'il est potentiellement abusé par une administration rapace, même pour des choses simples.

Par exemple, sur les places de stationnement des parkings publics communaux. Les places payantes sont généralement à régler au moment où l'on stationne son véhicule. Il faut alors déterminer précisément le temps de stationnement et l'enregistrer dans la borne située non loin sur le trottoir. Or, il est impossible de déterminer avec exactitude le temps de stationnement réel car l'imprévu fait partie du quotidien. Comment prévoir le délai d'attente dans un magasin pour faire réparer votre téléphone, assisté à une réunion d'embauche qui s'éternise, ou patienter dans la salle d'attente d'un médecin ? Étant impossible de prévoir les imprévus, il est impossible de déterminer l'heure précise de retour à son véhicule. Par conséquent, pour éviter une possible amende, le contribuable prévoit alors, généralement, un délai plus long par sécurité.

Bien souvent, le surplus payé par anticipation profite à la commune et aucun remboursement n'est possible, ce qui s'apparente à une perception indue. Il serait plus juste et respectueux pour le peuple, propriétaire de véhicule stationné, de pouvoir récupérer le restant dû. Simplement en se faisant recréditer la somme sur un « compte citoyen », via un nouveau passage devant la borne pour préciser l'interruption du stationnement. Ainsi, le paiement sera plus honnête car strictement limité au service consommé. L'État doit montrer l'exemple et s'organiser pour nous faciliter la vie. Nous pourrions alors imaginer que celui qui est passible d'une amende parce qu'il a dépassé de quelques minutes le temps écoulé soit simplement considéré en crédit de temps et uniquement redevable de la différence au tarif normal.

Cette solution plus juste pourrait facilement être mise en place si la volonté de bien faire était là. Cela permettrait d'améliorer les rapports entre l'État et une partie du peuple qui considère que l'État n'a aucun sentiment à son égard, le percevant comme une machine froide et punitive. L'État doit être irréprochable dans tous les domaines possibles. Un ordre équitable, équilibré, respectable et respectueux doit être un réflexe entre l'autorité, l'État et les citoyens. Toutes ces réformes, mises bout à bout, permettront que chaque nation soit structurellement équipée pour le bien-être de l'humanité. Il faut partir du principe que si chaque famille est bien chez elle, disposant de dignité et de sécurité, elle n'aura pas besoin de migrer pour mieux vivre ailleurs.

Si le minimum des éléments vitaux est intégré dans l'environnement, la misère n'existera plus, les maladies auront largement diminué grâce à une meilleure hygiène de vie, les trafiquants ne pourront plus prospérer faute de terrain fertile et le monde, plus inventif, sera en sécurité. Pour que chaque région du monde soit en épanouissement constant, suivant un projet de développement permettant à chaque pays d'accéder aux mêmes structures technologiques, il faudra engager les hommes et les femmes de chaque pays et les payer suivant leur statut de compétence pour le travail fourni. Chaque professionnel devra être mobilisé pour respecter le plan tracé par les institutions locales en harmonie avec les besoins globaux.

Les pays déficients en travailleurs seront complétés par des experts qualifiés provenant des pays favorisés pour les premières décennies, le temps que chaque pays en développement soit véritablement aguerri. C'est une véritable aventure que de construire ou d'améliorer notre civilisation. La mise en place des infrastructures nécessaires pour élever les conditions de vie de l'humain devra nécessairement faire partie d'une période d'adaptation mondiale. Les chantiers changeront probablement le mode de vie de certaines populations, mais pour le bien de tous, ce changement sera une absolue nécessité. Toutes ces constructions auront un coût financier que les pays défavorisés ne pourront pas assumer seuls. Il faudra inévitablement que les pays favorisés participent par un investissement solidaire.

Un ordre mondial pourra alors être un sérieux instrument pour inciter les pays favorisés à partager non seulement leurs connaissances, mais aussi les budgets. Si la participation financière n'est pas réalisée équitablement, de nombreux conflits apparaîtront. Afin que cela soit parfaitement réalisable, chaque pays devra contribuer à la hauteur de son PIB (Produit intérieur brut). Ainsi, le pourcentage de participation nécessaire pourra être établi de manière transparente. Cette solution permettra aux pays favorisés d'aider les pays défavorisés à atteindre une autonomie durable. En favorisant l'équilibre, les droits de l'humain deviendront le centre d'intérêt de la vie de chacun.

Globalement, nous vivrons avec moins de moyens superflus, mais nous vivrons heureux et épanouis.

Quand les infrastructures auront pris place, les droits de l'homme devront être scellés par une constitution : « Égaux en tous lieux ». Elle sera la base des droits humains sur l'ensemble du globe. Les lois plus précises viendront compléter la constitution selon les critères géographiques et techniques des pays et non plus par les événements historiques aléatoires comme aujourd'hui. Les lois, qui sont actuellement disparates, doivent être regroupées et analysées pour une parfaite cohérence d'ensemble. L'homme étant le même sur l'ensemble de la planète, les risques étant universels, les lois doivent également être les mêmes. La constitution sera la base universelle de l'humanité, primant sur la loi et les particularités locales.

C'est ainsi que des logiciels d'intelligence artificielle pourraient intégrer et analyser les règles et les lois de nombreux pays, identifier celles qui favorisent réellement l'épanouissement humain, conserver les dispositions communes les plus pertinentes, modifier ou compléter celles qui sont imparfaites, et supprimer celles qui ne correspondent plus à la vision nouvelle du pays concerné.

L'intelligence artificielle pourrait devenir un outil majeur d'harmonisation et de progrès collectif si elle était mobilisée pour analyser, comparer et synthétiser les meilleures règles et stratégies mises en place par les différents pays. Chaque nation, au fil de son histoire, a développé des dispositifs efficaces dans certains domaines, comme les systèmes éducatifs performants, les modèles de santé accessibles, les politiques environnementales innovantes, les cadres juridiques protecteurs ou encore les stratégies économiques résilientes. Pourtant, ces réussites restent souvent fragmentées, limitées à un territoire donné, alors qu'elles pourraient inspirer une amélioration globale.

Grâce à sa capacité à traiter d'immenses volumes de données, l'IA pourrait identifier les politiques les plus pertinentes, mesurer objectivement leurs effets à long terme et dégager des principes communs fondés sur des résultats concrets plutôt que sur des idéologies. Elle permettrait d'extraire ce qui fonctionne réellement pour le plus grand nombre. Les règles favorisant la stabilité, la prospérité, la réduction des inégalités, la préservation des ressources ou encore la paix sociale. L'objectif ne serait pas d'uniformiser les cultures, mais d'universaliser les bonnes pratiques issues de l'expérience collective de l'humanité.

Une telle approche introduirait une forme de gouvernance fondée sur le bon sens mesurable et l'efficacité démontrée. Les pays qui choisiraient d'adopter ces standards pourraient bénéficier d'avantages tangibles, de coopération économique facilitée, d'accès privilégié à certains marchés, d'aides technologiques, de partenariats renforcés, et de stabilité accrue. À l'inverse, les États refusant ces règles communes ne pourraient prétendre aux mêmes bénéfices. Ils resteraient libres de leurs choix, mais assumeraient les conséquences de leur isolement.

Les contraintes appliquées ne seraient pas arbitraires ni punitives. Elles découleraient d'un principe simple, la participation au système commun impliquant le respect des règles collectivement établies. Ces contraintes pourraient prendre la forme de limitations commerciales, de restrictions d'accès à certaines innovations, ou d'exigences accrues en matière de transparence et de respect de standards internationaux. Il ne s'agirait pas d'imposer par la force, mais d'instaurer un mécanisme d'incitation rationnelle où l'adhésion devient logiquement préférable au refus.

Un tel dispositif nécessiterait évidemment une gouvernance éthique rigoureuse de l'intelligence artificielle elle-même. Transparence des algorithmes, contrôle humain, pluralité des sources de données et représentation équitable des différentes cultures seraient indispensables pour éviter toute domination ou biais systémique. L'IA ne devrait pas remplacer la décision politique, mais éclairer celle-ci en offrant une vision globale, comparative et objective.

Ainsi utilisée, l'intelligence artificielle ne serait pas un instrument de contrôle, mais un levier d'intelligence collective. Elle pourrait aider les nations à dépasser les rivalités idéologiques pour s'appuyer sur l'expérience concrète et les résultats mesurables. L'enjeu ne serait plus de savoir quel pays a raison, mais quelles pratiques fonctionnent réellement pour favoriser un monde plus stable, plus juste et plus coopératif.

Pour mener à bien une telle évolution, les grandes institutions internationales devraient se réunir afin de définir les principes de cette avancée mondiale. Une constitution universelle des droits de l'Homme pourrait alors énoncer l'ensemble des droits naturels, individuels et collectifs, sans distinction de couleur de peau, de religion, de sexe ou d'orientation sexuelle, et inclure notamment la liberté d'aller et venir à l'échelle du globe.

Il serait également essentiel d'y préciser les droits fondamentaux de l'enfant, héritier de la planète, ainsi que la responsabilité accrue des parents dans le cadre d'une éducation obligatoire, structurée et protectrice. L'objectif d'une société équilibrée permet d'éviter les fractures profondes et les jalousies sociales délétères, en garantissant à chacun un cadre juste, clair et stable.

L'intérêt de fuir un pays en guerre ou en famine n'existera plus si chaque peuple peut s'épanouir chez lui. Mais avant d'en arriver là, les pays favorisés devront être généreux et accepter un pourcentage de migrants proportionnel à leurs capacités logistiques et structurelles. Cet accueil devra durer jusqu'à la mise en place effective des structures rendant stables les pays défavorisés. Dès lors, pour les pays les plus fragiles, la compétence de chaque migrant devra être évaluée afin qu'il y ait un pourcentage adéquat des compétences de chacun, assurant une intégration fluide. Le but étant d'offrir un refuge et un emploi stable. Des conditions seront néanmoins exigées : la maîtrise de la langue du pays d'accueil, la connaissance de son histoire, l'acceptation que la naissance ne donne aucun droit automatique à la nationalité et que la religion soit strictement pratiquée dans la sphère privée.

Pour l'ensemble des transformations mondiales, le rôle des religions est à prendre très au sérieux. Freud définit la religion comme « *une conception du monde qui apaise les craintes et nourrit les espoirs d'un être confronté à l'angoisse de sa finitude et de sa misère existentielle* ». Elle donne à ses adeptes un code de conduite d'autant plus apte à les souder qu'il procède de l'autorité du sacré.

Dans ce monde, il y a les personnes croyantes et les non-croyantes. Si les premières sont axées sur la science, les croyants sont axées sur la spiritualité et l'intuition. Le besoin de croire permet de vivre sans se contenter des limites scientifiques. Sans cette faculté de croire, il n'y aurait jamais de décision, de découverte ou d'espérance.

Le besoin de croire permet à l'individu de s'épanouir sans se contenter des seules limites matérielles et scientifiques. Sans cette faculté de croire, qui agit comme un moteur de l'esprit, il n'y aurait jamais de décision audacieuse, de découverte majeure ou d'espérance en l'avenir. La science a d'ailleurs beaucoup progressé sur ce sujet et de plus en plus de scientifiques s'accordent à dire qu'il est statistiquement impossible qu'un simple hasard ait créé le monde et la nature, ainsi que l'Homme, soulignant ainsi, une forme d'intelligence ou de dessein sous-jacent. Certaines prophéties inscrites dans les livres religieux mettent en avant un basculement proche qui, après coup, stabilisera le monde. Vrai ou faux ?

« Il est difficile d'en avoir une certitude. »

En attendant d'avoir un signe divin irréfutable, l'intérêt de réunir les religions ne devrait pas poser de difficulté car, dans leur différence de forme, elles sont majoritairement identiques sur le fond. Les pratiques sont communes et elles vénèrent la même orientation vers une transcendance. Elles servent toute la même morale avec des commandements sacrés communs à ne pas enfreindre.

LES ÉLÉMENTS RELIGIEUX COMMUN :

- Les divinités
- Les mythologies
- Les rituels
- La morale et les lois
- Le sacré

LES FONCTIONS RELIGIEUSE COMMUNE :

- L'ordre social
- La thérapeutique
- Le communautaire
- Le cognitif

Une réunion de l'ensemble des responsables religieux devrait s'effectuer pour une union sacrée complémentaire visant à élaborer une charte rassembleuse. Cette évolution mettrait définitivement un terme aux mauvaises interprétations dont les fanatiques s'emparent pour tuer chaque année des centaines d'innocents dans le monde. Ne pas intervenir pour mettre définitivement un terme à ces crimes pourrait être considéré de la part des chefs religieux, comme une complicité par omission.

Certains chercheurs passionnés de religions, ayant étudié les deux principales religions et leurs différents livres (le CORAN et la BIBLE), apportent la preuve qu'ALLAH (DIEU) n'est pas l'auteur exclusif et direct de ces textes.

Ces analystes semblent avoir décortiqué et comparé ces textes sacrés, mettant en évidence un nombre important d'erreurs explicites et de contradictions entre les versets, mettant en cause la crédibilité historique des écrits.

Pour ces spécialistes, le CORAN qui est pourtant présenté comme venant directement d'ALLAH (DIEU) est pensé par l'Homme et écrit de la main de l'Homme. Les incohérences sont si pertinentes, qu'il ne peut en aucun cas s'agir de l'œuvre d'un être supérieur.

> *Pour rappel,*
> *pour les Juifs, les Musulmans et les Chrétiens,*
> *DIEU est le même.*

ALLAH, est-il à 100% l'auteur du CORAN ?

Il est dit dans la version officielle, que le CORAN a été donné au Prophète MAHOMET par l'intermédiaire de l'Archange GABRIEL. Que ces informations aient été gardées sous forme orale par le porteur du CORAN en 632 de notre ère, puis transmises à l'oral par Mahomet à des tiers avant qu'il ne décède empoisonné.

Alors, à l'époque, seulement quelques hommes confidents, détenaient l'information orale, mais ils furent tués également. De leur vivant, chacun aurait eu le temps de rédiger le CORAN de mémoire, introduisant potentiellement des variations personnelles. Puis, l'histoire nous informe que l'ensemble de ces ouvrages ont été rassemblé en un seul durant les conflits.

Le CORAN actuel est le seul ouvrage connu !

A l'analyse de ce texte ancien, il apparaît d'innombrables erreurs suspectant la réalité d'une information divine, claire et compréhensible. De ce fait, afin d'apporter des précisions légitimes, plusieurs Hadiths ont été créées via des interprétations humaines de ce que voulait dire le CORAN de l'époque, ajoutant une couche supplémentaire de subjectivité.

D'après certains historiens, la BIBLE n'est pas non plus exempte de doutes sur l'authenticité originelle de son contenu. Nés aux alentours de 600 avant J.-C. La BIBLE est la source du Christianisme qui prendra tout son sens avec JÉSUS en l'an 0. Ainsi, elle verra véritablement le jour sous le nom du NOUVEAU TESTAMENT au 1er siècle de notre ère.

Plusieurs auteurs de différentes époques ont permis l'écriture des textes, qu'ils soient prophètes, simples humains ou témoins oculaires. Ces textes sont issus de l'accumulation de livres, manuscrits, papyrus et lettres. À l'époque, il est clair que cela a probablement fait l'objet d'interprétation et de retranscription plus ou moins fidèle des bonnes choses en fonction des circonstances, des évènements de l'époque, de la culture, de l'instruction, de la violence environnante et des impératifs de l'équilibre social.

DIEU, serait-il qu'un prétexte pour réguler les peuples ?

Comment alors considérer l'ensemble de ces textes et sans inspirer, alors que le CORAN ou la BIBLE semblent n'être parfois que des supports pour propager une idéologie provenant des avis et de l'imagination de l'Homme ?

Pour la TORAH, aux alentours de 450 avant J.-C, il est dit que le texte est dicté par DIEU à Moise. Il l'aurait transmis à Josué, qui l'aurait transmis aux Anciens, qui l'aurait transmis aux prophètes, qui l'aurait transmis aux Hommes. Et de nouveau, comme pour les précédentes religions, en cette occasion, l'Homme semble l'avoir encore personnalisé selon ses propres intérêts pour son peuple.

Je ne suis pas contre le fait que chacun des grands peuples ai eu besoin d'un dogme, d'une parole divine écrite afin de s'appuyer sur un support physique, mettant en avant ce qui semble être le meilleur pour lui dans le contexte de son époque.

Libre à chacun de croire en partie à chacun de versets ou psaumes. De croire en totalité ou pas du tout. Chacun est libre de croire ou de ne pas croire. Cependant, directement ou indirectement la religion nous concerne tous, car elle façonne les civilisations. Elle nous impacte dans chaque recoin du monde. Par les guerres, les affrontements, les violences, les attentats, croyant ou non-croyant, musulman, catholique, Juif ou autre pratiquant ou athée profond, une victime est une victime.

En réalité, une parole divine authentique devrait être respectée, mais il est difficile de se prononcer avec certitude quand l'Homme de l'époque a cru bon d'y intégrer des règles qui deviennent absurdes de nos jours.

Tout n'est peut-être pas faux. DIEU est peut-être bien, à l'origine d'une partie de ces textes.

« **Mais ça, c'est ma simple conviction.** »

Reste à savoir lesquelles sont de lui et lesquelles sont de l'Homme !

[Une chose est malheureusement sûre, certains Hommes sont persuadés qu'ils iront au paradis après avoir fait du mal à leur entourage et qu'ils seront pardonnés par le simple biais de ce qu'ils imaginent comme sacrifice.]

Sans contrarier les interprétations humaines sur la rédaction de la Bible, du Coran ou de la Torah, il est indispensable d'assembler les points communs et surtout d'évoluer vers ce que doivent être les éléments contributeurs du bien pour un amour durable des Hommes. Là encore, ne pas apporter une reconnaissance de chacune des religions pour éclairer la bonne de la mauvaise pratique, c'est accepter une part de responsabilité sur certaines réalités. Par exemple, sur la contraception, le droit à l'avortement des femmes ou encore la GPA (Gestation pour autrui).

Au vu du déséquilibre dans le monde, de la pauvreté et de la violence, la contraception et le droit à l'avortement ne sont pas des options mais des nécessités qui doivent être naturellement généralisées dans tous les pays.

Une femme doit avoir exactement les mêmes droits qu'un homme. Elle doit pouvoir être la seule maîtresse de son corps sans devoir obtenir l'autorisation d'un tiers. Les femmes n'ont pas à subir ou à avoir peur de jugements dogmatiques. Pour l'équilibre de la société, le bien-être psychologique des hommes, des femmes et des enfants est indispensable. Un couple doit pouvoir décider de la période à laquelle il souhaite un enfant. Cependant, un accident est toujours possible et une naissance peut malheureusement mettre un terme au projet d'une vie ou à une ambition personnelle. À défaut de contraception ou d'avortement, un enfant va naître sur une base inappropriée. Les parents n'ont pas forcément les moyens financiers de subvenir à ses besoins, ou il peut être issu d'un viol ou d'un traumatisme.

Durant son enfance, selon les circonstances familiales, l'enfant peut avoir des reproches à formuler à ses parents. Surtout si l'amour n'est pas une normalité dans son foyer. Aussi, il arrive assez souvent que les parents se séparent, et l'enfant se retrouvera de toute évidence au milieu d'un conflit, ballotté entre deux instabilités.

Comment va se construire l'enfant en grandissant ?
Sera-t-il violent, ou épanoui ?

Accorder la contraception généralisée et l'avortement aux femmes, est un geste responsable qui prend en considération les conséquences morales à venir. Un peuple épanoui est moins agressif, la violence disparaît, il est plus rentable en tout, et peu à peu, le bonheur s'installe quotidiennement pour tous.

« *Pour la GPA, le principe est différent.* »

<u>La définition est</u> :
La gestation pour autrui est une technique de procréation médicalement assistée par laquelle une femme « Mère porteuse » accepte de porter l'embryon d'un couple, « parents d'intention » dont la femme ne peut plus mener une grossesse à terme ou pour un couple gay.

Le gros inconvénient est que les embryons deviendront à terme une marchandise et des dérives considérables apparaîtront. Un marché risquera de s'installer et les plus fortunés auront l'exubérance d'utiliser ce système au mépris de la dignité humaine.

Qu'adviendra-t-il des enfants issus de cette machinerie ?

Selon l'envie du moment, les personnes désireuses d'un enfant, souhaiteront un enfant pour accomplir leur désir comme s'ils achetaient un animal de compagnie.

« *À cette seule différence qu'il existe des centres de recueil pour les animaux abandonnés par leur maître. Là, ce sera des orphelinats comme si cela été un bien de consommation.* »

Les demandeurs seraient des hommes seuls, des femmes infertiles ou des couples homosexuels, tandis que les mères porteuses seraient généralement des femmes dans le besoin financier négociant l'enfant comme un produit.

Le risque de générer un commerce d'enfants est trop grand pour accepter cette hypothèse, d'autant que trop d'enfants sont déjà victimes d'abandon. Avant d'imaginer créer des enfants « sur commande », il serait raisonnable que les parents dans l'impossibilité d'enfanter adoptent ceux qui ne demandent qu'à avoir une famille. Des centres spécialisés existent déjà, mais il faut veiller à ne pas laisser l'adoption à des parents déficients, violents ou instables socialement et professionnellement.

« *Les règles d'adoption doivent être un intérêt prioritaire pour l'enfant et non pour le parent adoptant »,* car la protection de la vulnérabilité doit primer sur le désir de possession.

Dans un monde en constante expansion, l'augmentation fulgurante de la population mondiale entraînera inévitablement une hausse dramatique du nombre d'enfants abandonnés et une pression insupportable sur nos infrastructures.

Comment réguler cette expansion et éviter ainsi un épuisement irréversible des ressources naturelles ?

Comment vivre sereinement s'il n'y a plus assez d'eau ou de nourriture pour l'ensemble de la collectivité ?

Comment subsister dans le surnombre, face à l'augmentation des violences, de la pollution et des pathologies émergentes qui en découlent ?

Peu à peu, au cœur de cette affluence mondiale, l'Homme revendique légitimement son droit de vivre dignement. En cas d'incohérence ou d'une mauvaise prise en compte des besoins par les autorités, les peuples finiront par exiger leurs droits par la force. Ils vont manifester. Or, s'il n'y a pas de ressources suffisantes, le représentant, qui n'est pas un magicien, ne pourra plus rien faire pour apaiser la population. C'est à cet instant précis que des violences extraordinaires se manifesteront, de manière de plus en plus fréquente et intense. Les États entreront alors en conflit ouvert pour des accords d'exportation alimentaire qui ne seront plus respectés, chaque nation privilégiant logiquement sa propre survie au détriment de ses voisins. Il en découlera des émeutes de la faim et des guerres généralisées.

(Voir sur le sujet, le Tome 1 : Liberté, surpopulation et décadence 2020-2120, ainsi que le Tome 3 : Justice, l'intérêt d'un ordre mondial.)

Effectivement, la guerre constitue historiquement l'un des leviers pour réduire drastiquement le volume de la population. Dans les pays les plus exposés au surnombre, en créant un besoin vital souvent alimentaire, ou par le sentiment d'injustice, on pousse l'Homme à se battre. Dès lors, des millions de morts dans ces foyers de tension réduiront mécaniquement la surpopulation initiale. Au fur et à mesure, ces zones de conflit se déplaceront et s'étendront jusqu'à ce que l'embrasement soit global.

Pour limiter la surpopulation, la contrainte législative est également une possibilité. Ce mode de contrôle des naissances a déjà été expérimenté par le passé, notamment en Chine entre 1979 et 2015. Cette méthode de l'enfant unique a semblé porter ses fruits en réduisant pratiquement de moitié la fécondité dès les premières années.

Mais à quel prix humain et moral ?

Combien de fillettes ont été sacrifiées par des parents qui souhaitaient absolument un garçon pour le travail aux champs ?

Où sont passées les 90 millions de femmes qui manquent actuellement à l'appel en Asie ?

Elles ne sont pas nées ou sont mortes en bas âge, victimes d'avortements sélectifs, d'infanticides ou de négligences volontaires, actes tragiques dissimulés par des parents acculés par la loi. La Chine et l'Inde, où ce phénomène provoque déjà des déséquilibres démographiques graves, sont les pays les plus touchés.

À partir de 1984, pour les familles rurales, deux enfants furent autorisés, mais il est évident que de nombreux enfants illégaux sont nés durant cette période. Soit les parents les déclaraient au prix de lourdes amendes (souvent 25 000 Yuans au titre d'une « taxe de compensation »), soit ces enfants vivaient dans l'anonymat total, privés d'éducation et de soins médicaux, devenant des citoyens fantômes sans aucune existence légale.

Pour réduire la population, une dernière formule existe, nettement plus subtile, insidieuse et invisible. Il s'agirait de créer ou d'utiliser un virus modifié dans l'intention de propager une pandémie mondiale, pour ensuite faire admettre à la population le bien-fondé d'un vaccin salvateur. Ce serait le vecteur idéal pour injecter un produit dont la composition réelle resterait occulte. La peur et l'angoisse envahiraient la population, rendant la vaccination évidente pour chacun. Ce vaccin, composé de substances biologiques classiques ou d'ARN messager, réduirait certes la virulence immédiate de l'infection, mais contiendrait d'autres substances capables de persister dans l'organisme. Celles-ci n'apparaîtraient que plusieurs années après pour altérer la fertilité humaine ou affaiblir les défenses immunitaires. L'individu deviendrait alors moins résistant aux agressions naturelles sur le long terme et sa longévité serait réduite. C'est le scénario idéal pour réduire la population en une génération et demie, de manière furtive, pour le prétendu bien de la communauté.

Si nos représentants devaient choisir, quelle serait la meilleure tactique pour l'avenir de l'humanité d'après vous ?

La plus discrète, la moins violente et la plus efficace, bien évidemment !

Dans ce cas extrême, accepteriez-vous de vous sacrifier pour l'avenir de l'humanité ?

Certains citoyens diraient oui par altruisme, avant de se rétracter, tandis que d'autres s'y opposeraient fermement. Si une telle hypothèse est envisagée par nos dirigeants, j'ose espérer qu'ils nous feront participer aux débats. S'il n'y avait aucune autre issue, nous pourrions imaginer qu'un renoncement volontaire à l'enfantement soit accepté par une partie des peuples à partir d'un certain âge, en échange d'une garantie de confort et de sécurité.

Une réflexion de cette ampleur conduit inévitablement à s'interroger sur ce que nous devons préserver en priorité pour les générations présentes et futures. Car au-delà des choix individuels ou démographiques, c'est l'ensemble des ressources essentielles à la vie humaine qui doit être protégé avec lucidité et responsabilité. Les biens communs de l'humanité représentent tout ce qui permet à la vie de se maintenir et aux sociétés de prospérer. Ils ne sont pas la propriété d'un pays, d'un groupe ou d'une génération, car leurs effets dépassent toutes les frontières. Leur préservation ne relève donc pas seulement d'un choix local ou national, mais d'une responsabilité collective, car toute atteinte à ces ressources affecte l'équilibre global.

Les biens communs de l'humanité représentent tout ce qui permet à la vie de se maintenir et aux sociétés de prospérer. Ils ne sont pas la propriété d'un pays, d'un groupe ou d'une génération, car leurs effets dépassent toutes les frontières. Leur préservation ne relève donc pas seulement d'un choix local ou national, mais d'une responsabilité collective, car toute atteinte à ces ressources affecte l'équilibre global.

L'air et l'atmosphère sont le premier bien commun, car aucun être humain ne peut s'en passer. La qualité de l'air ne s'arrête pas aux frontières politiques. Une pollution massive dans une région du monde peut, par les vents et les courants atmosphériques, se déplacer et toucher des populations éloignées. De la même manière, les gaz à effet de serre émis dans un pays modifient le climat de l'ensemble de la planète. L'atmosphère est un système unique et partagé. Elle ne peut pas être divisée entre nations.

L'eau douce est tout aussi essentielle. Elle permet de boire, de cultiver, de produire de l'énergie et de maintenir les écosystèmes. Or, les fleuves traversent souvent plusieurs pays, les nappes phréatiques sont interconnectées, et la pollution d'une source peut contaminer toute une région. Une gestion irresponsable de l'eau dans un territoire peut entraîner des pénuries, des tensions ou des migrations dans d'autres.

Les forêts jouent un rôle vital dans la production d'oxygène, la régulation du climat et la protection de la biodiversité. Elles absorbent le dioxyde de carbone, stabilisent les sols et influencent les cycles de pluie. Si un pays décide de détruire massivement ses forêts, et qu'elle ne réalise pas une replantation équivalente, les conséquences ne restent pas locales. La disparition d'une grande forêt tropicale modifie le climat régional, perturbe les cycles de l'eau et augmente la concentration de gaz à effet de serre dans l'atmosphère. Ainsi, la destruction d'une forêt dans un pays peut affecter la qualité de vie sur tout le globe.

Les océans et les mers sont également un bien commun fondamental. Ils régulent la température de la planète, produisent une grande partie de l'oxygène et abritent des ressources alimentaires essentielles. La pollution marine, la surpêche ou l'acidification des océans n'affectent pas seulement les zones côtières d'un pays, mais l'ensemble de l'écosystème marin mondial, dont dépend une grande partie de l'humanité.

Les sols fertiles constituent la base de l'alimentation. Sans eux, aucune agriculture durable n'est possible. Pourtant, l'érosion, la pollution et l'urbanisation excessive réduisent chaque année les surfaces cultivables. Cette dégradation ne concerne pas seulement les pays touchés, car les marchés alimentaires sont interconnectés. Une crise agricole dans une région peut provoquer une hausse des prix ou des pénuries ailleurs.

Le climat et la biodiversité sont des équilibres globaux. La disparition d'espèces, la fonte des glaces ou les dérèglements climatiques modifient les conditions de vie sur toute la planète. Ces phénomènes ne connaissent ni frontières ni nationalités. Ils touchent tous les peuples, souvent de manière inégale, mais toujours interconnectée.

La connaissance et la culture constituent un autre bien commun essentiel. Les découvertes scientifiques, les œuvres artistiques, les langues et les savoirs traditionnels sont le fruit de l'humanité entière. Lorsqu'une connaissance majeure est partagée, elle peut améliorer la santé, l'éducation ou la technologie dans le monde entier. La monopolisation ou la privatisation excessive du savoir peut ralentir le progrès et creuser les inégalités.

Enfin, la paix et les droits humains sont peut-être les biens communs les plus fragiles et les plus précieux. Les conflits armés, les violations des droits fondamentaux ou les crises politiques dans un pays peuvent entraîner des migrations, des instabilités régionales et des tensions internationales. La paix n'est jamais strictement locale, car son absence se répercute bien au-delà des frontières.

Pour toutes ces raisons, les biens communs de l'humanité ne peuvent pas appartenir à un seul pays, car leurs effets dépassent toute souveraineté nationale. Lorsqu'un État détruit une forêt, pollue un fleuve ou émet massivement des gaz à effet de serre, les conséquences touchent l'ensemble de la planète. L'exemple d'une déforestation massive en Amazonie montre bien que l'oxygène, le climat et les cycles de l'eau concernent toute l'humanité, pas seulement le territoire où se trouvent les arbres.

C'est pourquoi l'idée d'un cadre ou d'un ordre mondial chargé de protéger ces biens communs apparaît comme une nécessité. Un tel système ne viserait pas à supprimer les nations, mais à fixer des règles communes pour préserver ce qui est vital pour tous. Il s'agirait d'établir des limites, des obligations et des mécanismes de coopération afin que chaque pays puisse se développer sans détruire les conditions de vie de l'ensemble de l'humanité.

Entretenir les biens communs, ce n'est pas seulement protéger la nature ou la culture. C'est préserver les fondations mêmes de la vie, de la paix et du progrès humain. Sans air pur, sans eau, sans sols fertiles, sans climat stable, sans savoir partagé et sans paix, aucune société ne peut prospérer durablement. Leur protection constitue donc l'un des devoirs les plus essentiels de l'humanité envers elle-même et envers les générations futures.

Le développement humain sur notre planète a des conséquences directes sur l'environnement. Chaque activité, chaque production et chaque consommation laisse une empreinte. Rien n'est anodin, car tout est lié. Face aux nombreux événements quotidiens qui affectent l'équilibre écologique mondial, il devient indispensable d'adopter une vision large et de réagir de manière coordonnée.

Cela suppose l'instauration de lois communes et de sanctions applicables aux entreprises, aux particuliers ou aux États qui portent atteinte aux biens communs de l'humanité. Qu'il s'agisse de la surpêche, de la souffrance animale, des dérives de l'industrie de la viande ou de l'utilisation de produits chimiques sur les sols agricoles rendus impropres à une production saine, alors même que les fruits et légumes issus de ces cultures sont pourtant déclarés consommables. Des sanctions universelles et véritablement dissuasives devraient être mises en place. L'objectif ne serait pas de punir aveuglément, mais de protéger durablement les ressources vitales et d'encourager des pratiques respectueuses de la vie, de la santé humaine et de l'équilibre de la planète.

Le mode de vie de chacun, à notre échelle, doit évoluer. Pour réduire au maximum la pollution, nos modes de déplacement doivent se transformer. Dans les villes à forte densité, les personnes seules pourront circuler à vélo, en petits véhicules électriques individuels, en tramway, en métro ou grâce à des transports en commun routiers parfaitement cadencés. Les autres véhicules à pétrole seront stationnés en périphérie pour les trajets plus éloignés. Les plus fortunés pourront conserver leur véhicule personnel, mais dans les zones autorisées, le coût du stationnement sera élevé, afin d'inciter chacun à participer à l'effort collectif de sobriété.

Les taxis médicalisés et les taxis classiques, munis d'une licence spécifique, pourront continuer à circuler aussi bien en intra-muros qu'en extra-muros. La qualité de l'air devra être contrôlée en permanence grâce à des capteurs urbains de haute précision. Si une nouvelle énergie plus performante et moins polluante apparaît, les autorités devront taxer progressivement les anciennes énergies pour encourager leur abandon, tout en tenant compte du rapport coût-efficacité et de l'amortissement pour l'usager, afin de ne pas pénaliser injustement le citoyen. Des taxes différenciées viseront les gros consommateurs, notamment le kérosène de l'aviation, le fuel maritime ou le gasoil du transport routier de marchandises.

Tout cela suppose toutefois que le marché de l'automobile électrique devienne réellement accessible, avec des véhicules abordables à l'achat, mécaniquement durables et facilement réparables, ce qui n'est pas encore pleinement le cas aujourd'hui. Dans de nombreuses régions du monde, les infrastructures ne sont pas encore adaptées à cette technologie, et les véhicules thermiques resteront utilisés pendant encore plusieurs années, en attendant des solutions plus efficaces et plus accessibles.

De très nombreuses idées restent encore à découvrir pour protéger l'environnement. Pour un monde plus équilibré, il sera nécessaire de créer des centres de recherche scientifiques mondiaux. Il s'agirait d'un partage de connaissances via une plateforme internationale où l'on trouverait les idées de chacun, des avancées technologiques, des croquis ou des vidéos. Le but sera de produire efficacement de la connaissance sur de multiples questionnements fondamentaux issus de la curiosité des experts, ingénieurs et techniciens de pointe.

Ces centres permettraient de partager les recherches en cours afin d'éviter les doublons ou les pistes non porteuses. L'intérêt est de travailler intelligemment en concentrant l'efficacité des recherches avec des participants de tous les continents. Les connaissances acquises devront être régulièrement enregistrées sur une base de données mondiales. La communication de ces données s'effectuera via une plateforme spécialisée, à la fois commune et sécurisée. La recherche sera au service exclusif de l'intérêt général et non de l'enrichissement de laboratoires privés ou publics.

Dans le cas d'une invention révolutionnaire améliorant la condition humaine, l'inventeur aura trois choix.

Choix 1 :
Conserver égoïstement son invention en lieu sûr, sans l'exploiter.

Choix 2 :
Déclarer son invention afin d'obtenir un brevet garantissant la pleine propriété de son invention sans partage immédiat. (Toutefois, après un délai défini par un conseil mondial, il devra commercialiser le produit ou le proposer sur une plateforme mondiale de vente aux enchères spécialisée.)

Choix 3 :
Breveter son invention afin d'en garantir sa pleine propriété, puis en assurer la promotion pour commercialiser son système pendant une durée maximale de 10 ans, ou de le proposer à la vente aux enchères sur une plateforme mondiale spécialisée.

(Il n'est pas raisonnable de conserver égoïstement une invention utile à la société par manque d'acheteurs intéressés à un prix raisonnablement convenu. Selon l'importance de l'invention et de l'impact sur la société, si l'invention n'est pas mise aux enchères dans un certain délai, elle sera mise d'office, car l'intérêt général doit primer sur la rétention privée. Surtout si elle est d'intérêt public.)

Le partage pour améliorer la condition humaine dans le monde est prioritaire à tout bénéfice personnel. Cela concernera le médical, mais également la technologie, la biologie, la technique, etc. Plus précisément, tous les types de recherche. Qu'elles soient fondamentales, expérimentales, quantitatives ou exploratoires.

« La science améliore nos vies. La science nous sauve la vie. »

La science permet de faire des découvertes extraordinaires. Elle permet de mieux comprendre l'évolution du monde, de ce qui le compose et de ce qui l'entoure. Notre terre, si mystérieuse, est une source inépuisable d'inspiration. Elle possède en elle plein de trésors cachés, notamment pour vivre mieux, pour notre confort, pour avancer, pour travailler, pour s'éclairer ou pour jouer. L'Homme a besoin d'énergie, et ce besoin est en augmentation constante. La nature nous offre ces ressources. À nous de les convoiter et de les apprivoiser sans saccager ou polluer l'environnement, dans une aspiration régulée et raisonnable des matières premières.

L'électricité est devenue une énergie indispensable à notre vie moderne. Elle inonde notre quotidien, de la cuisine au salon, de l'entretien physique à nos déplacements. L'électricité est partout, mais elle est encore majoritairement générée par des centrales nucléaires ou à charbon qu'il faut impérativement améliorer. Actuellement, nous n'avons rien d'équivalent en termes de puissance disponible. Les centrales à charbon dégagent une pollution phénoménale qui détruit la couche d'ozone et amplifie le réchauffement climatique.

Pour le moment, les centrales nucléaires sont indispensables même s'il y a un risque lié à l'erreur humain ou à une catastrophe naturelle !

Actuellement, la recherche progresse pour identifier de nouvelles technologies capables de fournir une énergie propre et abondante. Les scientifiques explorent toutes les pistes possibles, mais chaque système présente aujourd'hui des limites techniques, économiques ou environnementales qui nuancent leur rentabilité réelle.

Voici une analyse synthétique des différents systèmes énergétiques mentionnés, mettant en avant leurs avantages et leurs limites :

- **L'hydrogène :** Son extraction par électrolyse nécessite une quantité d'électricité telle que sa rentabilité actuelle reste faible. Son impact écologique dépend directement de la source d'énergie utilisée pour le produire (nucléaire ou renouvelable).

- **Les génératrices hydroélectriques :** Bien que ce soit une solution propre et entièrement recyclable, les coûts de construction des grands barrages sont exorbitants, ce qui se traduit par une rentabilité moyenne pour l'usager.

- **Les éoliennes terrestres :** Outre l'impact visuel, leur installation et leur entretien coûtent cher, réduisant leur rentabilité réelle. De plus, leur recyclage n'est pas encore totalement maîtrisé. On observe qu'elles sont peu implantées dans les zones défavorisées, l'intérêt financier primant souvent sur l'écologie.

- **Les éoliennes offshores (et hydroliennes)** : Très efficaces grâce aux courants marins, elles présentent toutefois un risque de colmatage par la faune marine en l'absence de rotation. Une adaptation en amont de cascades ou de rivières de montagne pourrait optimiser leur rentabilité parfaite et leur absence de pollution.

- **Les panneaux photovoltaïques** : Ce système souffre de conditions d'extraction minière difficiles (silicium), d'une rentabilité tardive pour les particuliers et d'un manque de recyclage, les déchets étant souvent stockés dans des pays pauvres.

- **Les batteries** : Indispensables pour le stockage, elles ont une durée de vie limitée et coûtent cher à remplacer. Le manque de filières de recyclage actuelles crée une accumulation de déchets problématique.

- **Les centrales solaires thermodynamiques** : Idéales pour les régions ensoleillées, elles utilisent des miroirs pour chauffer un fluide à haute température. C'est une technologie de « bon sens », hautement rentable, propre et entièrement recyclable.

- **Les centrales géothermiques :** Considérées comme le meilleur système disponible, elles permettent d'extraire gratuitement la chaleur du sous-sol pour générer de l'électricité. Leur rentabilité est parfaite et leur impact environnemental nul, à condition de disposer d'une source d'eau chaude accessible.

L'énergie verte doit être prioritaire sur toutes les autres. C'est pour cette raison que le choix des systèmes doit faire l'objet d'une étude spécifique afin de construire les structures les plus performantes localement. En fonction des caractéristiques de chaque zone, les meilleurs systèmes auto-rentables doivent être privilégiés, à condition qu'ils soient respectueux de l'environnement sur le long terme.

Aujourd'hui, quel représentant serait assez compétent et respectueux pour instaurer significativement ces installations sur l'ensemble des pays de manière équilibrée ?

<u>Seul un ordre mondial en sera capable.</u>

<u>***Les projets, c'est bien.***</u>
<u>***Mais les actes, c'est mieux.***</u>

CHAPITRE VI

Choisir son Meilleur Dirigeant.

L'humanité est composée de bonnes et de mauvaises personnes.

Mais comment parvenir à supprimer les conflits et faire en sorte que le monde soit meilleur ?

Cette question est très profonde et un simple chapitre ne suffira pas à décortiquer les différents ensembles concomitants, mais nous pouvons en apporter une certaine approche.

Le monde, c'est nous tous réunis. Pour que le monde soit meilleur, l'Homme doit d'abord s'améliorer lui-même. Les conflits naissants sont toujours la conclusion d'un avis divergent plus ou moins grave. Généralement, tout le monde a une très bonne raison de critiquer quelqu'un. Et ce quelqu'un, un jour, à force de subir l'agressivité qu'on lui inflige à tort ou à raison, finit par se rebeller. Un petit litige, un désaccord anodin, peut devenir un très gros problème, quel que soit l'âge, la profession ou l'éducation de l'individu.

Le travail d'un médiateur est essentiel dans la résolution des conflits. Le rôle d'un véritable médiateur n'est pas d'agir dans l'intérêt d'une seule partie. Son objectif, à travers un processus spécifique, est de faire émerger des idées communes afin d'aboutir à une solution. Le médiateur ne recherche pas à déterminer qui a tort ou raison. Il œuvre simplement dans l'intérêt de chacun. Proches du peuple, ils comprennent parfaitement les réactions, les émotions, les hésitations, les non-dits et les difficultés à tous les niveaux. Leur mission n'est pas toujours simple. Car souvent, chaque partie se considère comme une victime.

« Quand on écoute une partie, on est convaincu par ses explications, car son discours est empli d'émotion et de souffrance, mais quand on écoute l'autre partie s'exprimer sur le même problème, le discours semble également très cohérent. »

Dès lors, et si nos politiciens avaient une part de responsabilité dans la mauvaise ambiance qui plane dans notre vie ?

Et si nous faisions régulièrement de mauvais choix en votant pour des représentants politiques dépourvus de sincérité ?

En effet, la politique a le pouvoir de mettre en place des outils pour que le peuple soit en sécurité, que le climat ne soit pas anxiogène ou liberticide, que l'amour puisse être partagé et que les moyens financiers puissent être alloués aux postes importants comme la justice ou la sécurité. Une gestion saine permettrait que chaque travailleur puisse vivre dignement du fruit de son travail, que l'argent soit raisonnablement dépensé et que les mesures sanitaires soient justes.

Le choix du bon candidat est donc indispensable. Nous n'avons plus le droit de nous tromper, car l'erreur peut réellement nous être fatale. Tous les candidats n'ont pas la même compétence, la même expérience, les mêmes convictions et certains même sont de véritables acteurs et manipulateurs. Pour éviter d'élire une mauvaise personne, il est important de comprendre l'intégralité des programmes proposés. Or, pour lire le programme entier de chaque parti politique, si l'on veut vraiment faire une bonne analyse, cela dure généralement des heures, voire des jours, surtout si les termes employés sont sciemment complexes pour nous égarer.

Généralement, la plupart des gens se contentent de repères simples issus des informations vues à la télé, entendues à la radio, puis relayées sur Internet. Certains journalistes ne manqueront pas de décrédibiliser un politique qui ne leur plaît pas en mettant en évidence un petit défaut qui n'a rien à voir avec ses compétences. Il s'agirait par exemple d'un défaut de diction, de posture, ou d'un trait physique. Pour certaines personnes, juste un seul de ces éléments est rédhibitoire. Et en fonction de ce défaut, l'idée du bon ou du mauvais candidat est déjà prédéfinie.

Dans une élection, la majorité des citoyens vote sur la forme, mais pas sur le fond. Il suffit qu'ils aient la conviction d'une potentielle nouveauté, sur l'amélioration de nos conditions de vie par exemple, pour avoir confiance. Alors qu'en réalité, ce ne sont que des discours, des idées dans le vent qui, bien que pensées sincèrement, ne sont souvent pas applicables pour plein de raisons différentes. La seule vraie vérité est de se concentrer sur les éléments écrits. Le contenu du programme.

> Un programme est un cahier des charges qui décrit ce que le candidat veut faire pour le pays et le peuple, en démontrant comment il y arrive financièrement !

Pour éviter un vote hasardeux, réducteur et potentiellement dangereux pour l'avenir du pays, il faut éplucher les programmes. Regarder un débat télévisé ne suffit pas, car faire un choix sur une émission de quelques heures n'est pas représentatif. Le candidat peut très bien vous mentir à la figure comme cela est déjà arrivé. Aussi, lors d'émissions de télévision, nous remarquons que quelques journalistes s'organisent pour être majoritairement à charge contre certains politiques dans le but de les piéger ou de se focaliser sur des sujets sans fondement. Il est certainement plus constructif de parler des actes réels que de supposer des drames qui n'existeront probablement jamais, juste pour faire le buzz.

Quelquefois, nous faisons des généralités à partir d'une seule erreur commise par un candidat. Cette virgule mal placée dans un discours est souvent relayée en boucle par les médias afin d'anéantir sa crédibilité, alors que **98%** du discours étaient parfaits.

L'erreur à ne jamais commettre est de se focaliser sur ces infimes détails au détriment de la vision globale.

> Les échanges d'idées, doivent être un programme contre un programme.
> Un projet contre un projet !

Le candidat sortant doit d'abord répondre, point par point, sur l'ensemble des mesures qu'il a mises en place et démontrer clairement que le peuple a véritablement gagné quelque chose. Il doit également nous rendre compte de la parfaite application de ses engagements par des données vérifiables. Puis, seulement après, il pourra se permettre de critiquer son adversaire. La situation est trop importante pour laisser s'installer une politique médiocre.

Bien évidemment, tout le monde n'a pas le temps de lire les programmes dans leur ensemble. Pourtant, c'est indispensable. N'oublions pas qu'il existe aussi des personnes malvoyantes, incapables de voter sans l'aide d'un tiers. Elles sont dépendantes, et souvent, faute d'informations accessibles, beaucoup d'entre elles ne votent pas. Et il faut également penser aux nombreuses autres personnes en situation de handicap. Le rôle des politiciens est de garantir les mêmes chances à tous pour un vote utile. De ce fait, le programme de tous les candidats doit être facilement accessible en intégralité sur le site gouvernemental et impérativement en format audio.

En complément, il pourrait également y avoir un questionnaire présentant les grandes lignes sociétales avec les réponses écrites pour chaque candidat. Le peuple est souverain. C'est lui qui vote et qui décide. Il ne nous faut aucun doute sur les intentions des candidats. Ils doivent répondre à chacune de nos questions de façon claire et exempte de toute ambiguïté. L'élu ne devra pas nous trahir, et nous devrions pouvoir l'éjecter de son mandat en cas d'inefficacité sur la base des arguments qu'il nous a vendus pour être élu.

Tout responsable politique doit être évalué publiquement en fonction de ses résultats. C'est-à-dire en fonction de ce pour quoi il a été élu. Si, sur les trois dernières années consécutives, son bilan annuel n'est pas concluant, avec des indicateurs négatifs concernant le chômage, la sécurité, la dette et la santé publique, entre autres, et si les objectifs ou promesses ne sont pas atteints, il ne devrait en aucun cas pouvoir se représenter.

Dans certains pays, lors de débats télévisés, certains représentants politiques montrent leur violence par des propos insultants.

Quelle honte que d'assister à ces combats de coqs !

Est-ce là l'image qu'ils souhaitent afficher pour le pays qu'ils convoitent ?

Nous pouvons excuser un écart, mais quand cela est répété, cela devient une normalité. Afin de gagner un poste, tous les coups semblent permis, mêlant mensonges et violence verbale.

Est-ce vraiment ce genre de personne que nous souhaitons pour nous représenter ?

Des tricheurs, des profiteurs ou des mauvais gestionnaires ?

Une partie du peuple semble aveuglée par certaines tactiques de manipulation. Il suffit de gagner la confiance du peuple, tel un vendeur malveillant, et l'élection est pliée. La majorité des politiciens fonctionnent avec les mêmes outils. Parler beaucoup avec le sourire, sublimer le projet et s'intéresser à vous en apparence. En réalité, ils nous vendent de l'imaginaire. Ils proposent du rêve pour masquer d'inquiétantes dépenses destinées à maquiller artificiellement leurs incompétences.

Ces tactiques sont généralement mises en œuvre entre les deux tours. Pour un président sortant qui n'a pas réussi à améliorer les conditions de vie du peuple, il s'agit de faire oublier les griefs accumulés, qu'il s'agisse de mesures sanitaires inappropriées, du recours à des cabinets de conseil onéreux ou de réformes sans garanties. Dans ces stratégies, il suffit parfois de vous priver de liberté, puis de vous la rendre par petits morceaux, ou d'augmenter les taxes pendant des mois avant d'octroyer une petite prime. Il suffit de dédramatiser sans jamais apporter de détails, en critiquant l'adversaire par des arguments imaginaires pour décupler la peur. L'autre sera toujours le méchant, et lui, le sauveur.

Aucun responsable politique n'avouera qu'il a mal agi, de peur que cela ne lui soit reproché par ses concurrents. Reconnaître qu'il a mal mesuré la gravité d'un événement ou commis une erreur de jugement est impensable dans cette sphère. Dans ce milieu qui rassemble de nombreux ambitieux ne regardant que leur intérêt personnel, l'aveu de médiocrité est interdit. Tout signe de faiblesse ou de vulnérabilité est à proscrire, car il pourrait être utilisé par les parties adverses.

Le peuple aime majoritairement les dirigeants forts, distingués, pugnaces et dotés d'une parfaite élocution. Il recherche un politicien qui dirige, oriente et dicte la marche à suivre, tout en vous regardant dans les yeux avec un humanisme apparent.

Et s'il ne s'agissait que d'une manœuvre politique, d'un enfumage savamment orchestré ?

Sans certitude sur leur sincérité, comment réagir face à un président qui ne respecte ni sa parole, ni le programme pour lequel il a été élu ?

Que faire s'il continue à affirmer que tout va bien, les yeux dans les yeux, alors que vous perdez votre emploi ou que vos conditions de vie se dégradent ?

Trop souvent, par naïveté ou par excès de confiance, nous croyons ce que nous entendons sans exiger de preuves, occultant nos propres difficultés.

Pour déceler la réelle sincérité d'un politicien, il faut rejeter les extrêmes. Un candidat ne doit être ni un bourreau insensible, capable de crier ou d'insulter, ni une figure trop effacée refusant le débat pour éviter la confrontation. Ces derniers sont parfois les plus redoutables. À chaque élection, le chef d'État devrait prêter serment de travailler dans l'unique intérêt du peuple. Les élus se doivent d'être exemplaires avec une déclaration de revenus transparente, et l'absence d'une condamnations répétée.

Leur présence aux assemblées doit être obligatoire. Leur gestion budgétaire doit être strictement contrôlée, et chaque dépassement doit être soumis à l'approbation des citoyens. Afin d'éviter tout conflit d'intérêts, un politicien ne doit avoir aucun lien personnel ou familial avec les mesures qu'il instaure, sous peine de démission immédiate. Cette démission, étant un abandon de poste, ne devrait donner lieu à aucune indemnité ni retraite.

La transparence doit être la règle, tant pour les comptes personnels que pour les décisions publiques. Il est utopique d'imposer une loi sans s'appuyer sur des études comparatives ou des rapports d'experts indépendants. Avant toute généralisation, une période d'essai dans une région spécifique permettrait d'analyser les résultats réels et de valider, ou d'abandonner, le projet. Imposer une loi sans le consentement éclairé du peuple est une dérive autoritaire, car la souveraineté appartient aux citoyens.

Nous pouvons prendre l'exemple de la France dont le président élu en 2017 est en même temps le chef de guerre. Nous ne pouvons qu'être suspicieux sur la qualification d'un président qui n'a aucune formation militaire pour occuper un tel rôle. Pourtant, c'est le cas. Par cette fonction, le président peut alors jouir de son statut sans complexe, au risque d'en abuser, tel un enfant jouant au soldat.

Pour éviter de se justifier des mesures mises en place relatives au virus de la Covid-19, la grande majorité des décisions prises pendant cette période ont été effectuées à huis clos. Nous en savons seulement ce qu'ils veulent bien nous en dire. Personne ne connaît les éléments de fond, les analyses ou les conversations débattues lors de ces réunions privées. Nous ne connaîtrons l'ensemble des éléments qui nous ont été cachés que dans cinquante ou cent ans.

Pourquoi ?

Eh bien, le statut de : « SECRET DÉFENSE » permet de tenir le peuple à l'écart des informations d'ordre national. Par cette mise en place stratégique, le président prend le pouvoir absolu et ordonne toutes les décisions possibles sans devoir en rendre compte aux citoyens, s'affranchissant ainsi de toute obligation de justification. Il s'est immunisé contre le moindre risque de poursuites. Nous ne connaîtrons jamais les manigances, les accords, les profits, les supposées escroqueries organisées ou les mauvaises décisions avant un siècle.

Le pays aura été bloqué et confiné. Un Pass sanitaire aura été instauré, puis un Pass vaccinal. La population entière aura été contrainte de se faire vacciner, quoi qu'il en coûte, et des milliards auront été dépensés. Il est évident qu'il y aura toujours un prétexte pour justifier de telles dépenses.

Mais comment déterminer si ces mesures auraient pu être évitées ?

En regardant la dépense des autres pays dans la même période peut-être ?

Il n'est pas impossible d'avoir été manipulé, et que le secret-défense camoufle l'incompétence de nos dirigeants. Quoi qu'il en soit, un président ne devrait pas avoir la possibilité d'utiliser ce statut pour couvrir des situations douteuses dans lesquelles il peut être impliqué. Pour éviter de tels abus, le secret-défense devrait être exclusivement réservé aux domaines lié à la guerre et aux attentats. Et pour les besoins sociétaux et environnementaux, il serait pertinent de créer un type de secret spécifique, axé sur le secteur sanitaire.

Le premier, destiné à la guerre, aurait une durée de dix à cinquante ans maximum. Le deuxième, destiné au sanitaire, aurait une durée beaucoup plus courte, de trois à dix ans. Un représentant doit aussi répondre de ses actes. Le secret-défense doit incontestablement protéger les intérêts fondamentaux de la nation, et uniquement ceux-là. Il n'a pas vocation à protéger un groupe de politiciens potentiellement défaillants. Dans ces circonstances, la justice doit impérativement avoir accès aux informations, même celles classées confidentielles.

Quand on n'a rien à se reprocher ni rien à cacher, pourquoi le cacher ?

DE QUOI UN PRÉSIDENT AURAIT-IL PEUR ?

Qu'est-ce qu'il aurait à cacher qu'il ne souhaite pas divulguer ?

Peut-être aurait-il tout simplement peur de montrer son incompétence !

Cette spécificité est censée protéger les intérêts du peuple. Pourtant, dans un contexte sanitaire, le terme de guerre n'a pas sa place. Un président qui abuse de son pouvoir, devrait pouvoir être destitué par un simple vote démocratique.

Il serait également normal qu'un politicien soit régulièrement contrôlé pendant son mandat. Le but est d'avoir des représentants mettant en application leurs compétences dans l'intérêt du peuple et non pour l'argent ou de potentiels avantages parallèles perçus ultérieurement. Ces contrôles pourraient être réalisés par des institutions indépendantes, supervisées par des hommes de loi afin de s'assurer de leur véritable impartialité.

Toutes les décisions qu'un politicien prend, doivent exclusivement servir l'intérêt général. Aucun conflit d'intérêts ne doit être toléré. En cas de manquement, pendant ou juste après son mandat, le président doit pouvoir être jugé et condamné comme tout citoyen impliqué dans une affaire. Un dirigeant doit avoir peur des réactions de son peuple, surtout quand sa politique n'a pas respecté ses engagements.

Cette exigence d'intégrité et de responsabilité va de pair avec la transparence sur les avantages dont bénéficient nos élus. Car si les décisions doivent toujours servir l'intérêt général, il est également important de connaître la réalité des privilèges auxquels certains ont droit après leur carrière politique.

Les politiciens Français disposent de retraites très confortable !

Prenons l'exemple d'un président fictif avec une carrière très complète. Imaginons une personne qui a eu dans sa carrière :

- 15 ans député
- 10 ans maire d'une grande ville
- 8 ans ministre
- 12 ans haut fonctionnaire (Cour des comptes)
- 5 ans président du Conseil départemental
- 5 ans président de la République

Il prendrait alors sa retraite à l'âge de 67 ans. Il aurait alors pour son poste de député, une retraite d'environ 3000€, pour son poste de maire 1 000 €, pour son poste de ministre 1000€, pour son poste à la cour des comptes 2500€, pour son poste au conseil départemental 700€ et comme président 6500€. En prenant sa retraite à 67 ans, il pourrait percevoir environ 14 000 à 15 000 € brut par mois, soit autour de 9 000 à 10 000 € nets après impôts. Cette pension, issue du cumul de plusieurs fonctions exercées sur plusieurs décennies, serait versée à vie, comme pour tout retraité.

Le cumul des mandats et des retraites ne devrait pas exister. Rien ne justifie de profiter ainsi des fonds publics tels des mendiants de luxe.

> Ils se gavent comme des oies, et pour quel résultat ?

Les politiciens ne doivent plus cumuler leurs fonctions. Comme tout citoyen, ils devraient percevoir une retraite unique basée sur le cumul plafonné de leurs activités passées.

Être politicien n'est pas un métier, c'est une fonction au service du peuple. Quand celle-ci prend fin, on pourrait envisager une petite pension de retraite limitée à la moitié de la durée du mandat exercé. Il n'est pas cohérent qu'une pension intégrale soit versée pour un poste occupé seulement quelques mois. De plus, si le politicien a fauté ou si le pays est en moins bon état à son départ qu'à son arrivée, cette pension ne devrait pas être perçue.

Et les médias dans tout ça, sont-ils si neutres et impartiaux ?

Il n'est pas rare de remarquer la ligne de conduite ou l'orientation d'un débat par un média. Quand un sujet sérieux est traité, il semblerait que certains organes de presse délaissent leur neutralité pour prendre parti. Les questions sont alors posées aux uns et aux autres avec un parti pris plus ou moins manifeste.

Il faut de l'impartialité !

Mais où se cache la véritable vérité ?

Sur les plateaux télé, nous découvrons des personnalités s'affrontant à coup de convictions. Les journalistes sont évidemment censés être à l'affût de la vérité, mais quand celle-ci s'avère trop banale, un certain nombre tentent de scénariser une histoire. En orientant les questions, en interprétant les faits ou en sélectionnant des photographies et des séquences vidéo percutantes, ils cherchent avant tout à faire de l'audience.

« Tout ce qui est extraordinaire fera de l'audimat. L'homme est ainsi fait. L'extraordinaire attire l'œil et l'attention. »

Les médias préfèrent se focaliser sur les problèmes, les conflits, les débats, les guerres, les morts, les violences en tout genre, les attaques, les catastrophes naturelles, les accidents ou les situations atypiques. L'Homme ne semble plus s'intéresser aux choses basiques, comme parler de la pluie et du beau temps, de la fleur qui pousse en haut de la montagne, de la vie tranquille ou de la dernière mode. Les gens s'ennuieraient vite si les médias évoquaient cela.

[En lisant le journal, les gens croient apprendre ce qui se passe dans le monde. En réalité, ils n'apprennent que ce qui se passe dans le journal. (Citation de Philippe GELUCK.]

Les sujets traités sont bien évidemment choisis et orientés. Cela ne convient pas forcément à tout le monde, mais le système est ainsi fait et le « zapping » est monnaie courante. De nos jours, les médias sont nombreux et tout le monde peut ainsi y trouver son compte. Seulement, pendant la dernière pandémie, il était difficile, voire impossible, d'entendre parler d'un autre sujet. La majorité des médias était focalisée de manière intempestive sur la pandémie, les décès, la vaccination avec ses pourcentages et la situation des hôpitaux.

« C'était comme si les journalistes avaient des consignes pour ne pas dévier de ce chemin imposé. »

On peut alors s'interroger. Les patrons de ces médias recevraient-ils des subventions ou des dons de personnes influentes pour orienter les sujets ?

Il est évident que par la fortune de certains hommes, groupes ou entreprises, il est possible d'acheter des faveurs et d'orienter les choix thématiques. Pour quelques millions, certains médias seraient sans doute prêts à aggraver ou à minimiser certains sujets. C'est bien connu, le riche a beaucoup plus de pouvoir que le pauvre, et avec l'argent, il est facile d'obtenir pratiquement tout.

Pour assainir ce système, une réforme profonde de l'information est impérative. Celle-ci doit passer par une transparence totale du financement des médias, un étiquetage rigoureux de tous les contenus sponsorisés, et des sanctions exemplaires pour toute diffusion de fausses informations volontaires. Un média ne devrait plus être l'outil d'un intérêt privé, mais le garant d'une information libre et véridique.

Dans le paysage journalistique, les médias n'ont pas à donner leur avis personnel au risque d'influencer injustement l'image d'un candidat. Cette partialité orientera naturellement le vote des citoyens. En politique, seul un politologue compétent devrait pouvoir s'exprimer. Un journaliste trop impliqué, prenant parti ou inexpérimenté, n'a pas à donner de commentaires qui influenceront potentiellement des milliers de personnes derrière leur écran. Ainsi, nous pourrions voir apparaître un homme ou une femme mal connu, présenté comme une personne sévère alors qu'en réalité, cette personne est relativement sensible et profondément impliquée pour faire évoluer notre pays.

Souvenons-nous que : « L'habit ne fait pas le moine ! »

Le fait de voter systématiquement pour un parti ne rime à rien. Il faut ouvrir son esprit et regarder plus large. Il faut observer l'Homme qui se présente, sa conviction, son expérience de vie, sa capacité à expliquer, son honnêteté et sa réactivité. Il est évident qu'une personne ayant déjà trahi la confiance des citoyens, ayant menti ou triché de manière significative, doit être écartée et sanctionnée par le peuple. Quel que soit le parti, il y a de très bonnes personnes avec de très bonnes idées.

> *Voter pour une personne a beaucoup plus de valeur que de voter pour un parti.*

Les votants doivent réellement s'intéresser aux différents programmes et voter par choix réfléchi, et non pour une <u>belle gueule</u> contre une <u>sale gueule</u>.

« *À travers certaines émissions de télévision, beaucoup de critiques ont été formulées à l'égard du Rassemblement National qui n'a pourtant encore jamais exercé le pouvoir.* »

Comment faire autant de fabulations sur de simples suppositions ?

À croire que ces émissions sont subventionnées en fonction de l'orientation politique, à charge pour certains et à décharge pour d'autres.

Pourquoi devrions-nous nourrir une crainte systématique envers le Rassemblement National ?

Ils n'ont jamais gouverné, et pourtant la vie devient de plus en plus difficile, l'économie diminue, le chômage est maintenu artificiellement, les conflits se banalisent, la pollution et les violences augmentent, l'Euro se fragilise et le niveau scolaire de nos enfants diminue.

C'est pour cette raison qu'il est important de vous faire votre propre opinion en choisissant des médias parfaitement neutres, libres de toute corruption.

« Pour un avenir respectueux et équilibré, il ne devrait pas être nécessaire d'organiser systématiquement un rapport de forces pour améliorer l'état du monde et du pays. Le bon sens devrait suffire ! »

Si le peuple ne le réclame pas, les élus ne rendront jamais véritablement de compte sur les actions effectuées pendant leurs mandats. Ils ne répondront jamais de rien, allant jusqu'à soutenir le parfait contraire de ce qu'ils avaient affirmé auparavant. Force est de constater qu'une fois notre représentant élu ou réélu, nous sommes véritablement dépendants de lui. Le peuple a choisi, peut-être à tort, séduit par de mauvais arguments, de mauvaises raisons fondées sur de multiples mensonges ou par simple conviction.

Les choix sont alors inévitablement restreints. Soit le peuple se résigne, obtempère et fait confiance au gouvernement en lui remettant les clefs du palais, soit il revendique sans cesse les mesures qui lui déplaisent, entretenant ainsi le conflit et la confusion. Il faut tout de même comprendre que la majorité l'emporte sur la minorité, et ce n'est pas à cette dernière de modifier unilatéralement le paysage national. Cependant, le représentant ne peut pas non plus négliger cette part de la population au risque de créer un conflit de société qui pourrait dégénérer.

[Cet équilibre doit être mené par le pouvoir en place avec douceur et fermeté, mais aussi avec explication et sincérité.]

Pour autant, s'il y a des désaccords sur certains sujets, c'est qu'il existe forcément des peurs, des incompréhensions ou des suspicions. En tout cas, cela révèle les doutes d'une partie des citoyens sur la capacité du gouvernement à bien gouverner. Le signe, peut-être, d'un paramètre mal pensé provenant du chef d'État. C'est précisément là que la ligne de conduite du dirigeant doit être claire. Pour les semaines ou les mois à venir, elle se doit d'être rassurante. Comme un bon père de famille, sincère avec ses enfants, il doit montrer qu'il fait ce qu'il faut pour que nous puissions avoir confiance en lui. En retour, il doit nous informer de la réelle conjoncture du pays, nous rassurer et nous prévenir régulièrement des temps difficiles, comme des améliorations.

Pour être un bon dirigeant, il faut aussi être capable d'aimer le peuple et chacun de nous individuellement. Et dire la vérité !

Quoi qu'il en soit, il est essentiel de se tourner vers l'avenir et de rester solidaires les uns des autres. Si l'on reste inactif, le mal peut, peu à peu s'installer dans notre société. Les élites de chaque pays ont la responsabilité de faire les choix justes pour anticiper les défis à venir et préparer une réorganisation harmonieuse du monde.

CHAPITRE VII

La Contribution des plus Riches de ce Monde.

Avec de l'argent, il est souvent possible d'obtenir tout ce que l'on veut, et pour certains, d'enfreindre même des lois ou de nuire à qui l'on veut en toute impunité.

La question de la bienveillance est toute relative. Certains riches se montrent véritablement justes avec une sincérité authentique, d'autres en donnent simplement l'apparence, alors que d'autres encore, s'abstiennent simplement de répondre à la question.

Quel que soit son rang dans la société ou les circonstances, l'Homme riche dispose de moyens considérables que l'on n'imagine pas. À ses yeux, la frontière entre le bien et le mal pet parfois devenir relative. Même s'ils sont sanctionnés, des amendes de plusieurs millions d'euros ne les impressionnent pas.

Car ces sommes représentent pour eux, un simple coût de gestion.

Comme pour chacun d'entre nous, la fortune des riches est variée. Pour certains, elle provient d'un héritage qu'ils entretiennent. Pour d'autres, ce sera le fruit d'un travail acharné, parti de rien avec beaucoup d'ambition. Et pour d'autres encore, ils auront juste eu de la chance au bon moment et la fortune est arrivée.

Comme partout ailleurs, parmi ces riches, il y a des bonnes et des mauvaises personnes, des justes et des profiteurs, des gens honnêtes et des malhonnêtes. Il n'est pas inintéressant de chercher à comprendre ce qui motive le riche dans sa quête d'argent. En règle générale, le gain est lié à un travail. Plus le travail est profitable et bien pensé, plus il est rentable. Travailler avec intelligence et constance favorise la réussite financière, car l'inaction ne produit jamais de profit. Ainsi, bien souvent, plus l'engagement est important, plus les revenus augmentent.

Et les impôts avec !

« Cependant, et sauf exception, certains grands riches s'organisent pour ne pas en payer ou le moins possible, préférant financer une armada d'avocats

fiscalistes pour défiscaliser sans limite. Certains riches se contentent de ce qu'ils gagnent. Ceux-là, restent généralement humbles et accessibles, alors que d'autres en veulent toujours plus. Ils sont obnubilés par le pouvoir, capables de tout acheter, comme si rien ne comptait plus à leurs yeux que cette domination. »

Mais qui est vraiment riche ?

A partir de quand sommes-nous riches ?

Et, ces riches, seraient-ils plus nombreux, si nous citoyens classiques, étions plus instruits ?

Être riche est avant tout une perception personnelle, quelque chose que l'on porte en soi dans l'analyse d'un instant présent.

Il y a plusieurs types de richesses. Être riche d'amour, d'amitié, de biens matériels, de santé et de fierté personnelle. Toutes ces richesses sont différentes les unes des autres, et en même temps, cumulatives.

Mais cela rend-il plus heureux pour autant ?

L'homme ou la femme riche, sont-ils réellement épanouis ?

Souvent, nous raisonnons en binaire. Le riche et le pauvre. Mais pour ne pas rester dans la subjectivité, nous oublions qu'il existe des intermédiaires, que l'on peut classer par ordre croissant :

- Le pauvre extrême.
- Le pauvre.
- La classe moyenne.
- La classe moyenne supérieure.
- Le riche
- L'ultra riche

D'où vient la pauvreté ?

Elle n'est pas systématiquement liée à l'intelligence, bien qu'un être intelligent ait plus de ressources pour s'adapter et faire face aux situations qui peuvent la provoquer. Malheureusement, même si les humains naissent égaux en droits, ils ne sont pas égaux sur leurs chances de départ.

> *« La richesse matérielle sur terre n'est pas distribuée selon un pur système de méritocratie. »*

Selon le pays de naissance, un certain nombre de points divisent les critères de réussite, bien que le terme de réussite soit subjectif. Cela commence par les conditions de vie ou de survie en fonction des ressources du pays, liées au climat, aux catastrophes naturelles, à l'état de guerre, ainsi qu'au manque de liberté. La famille dans laquelle nous naissons, qui possède ou non un patrimoine matériel, intellectuel et culturel, transmet ses us et coutumes, y compris alimentaires (nourriture équilibrée ou non, l'alcoolisme, le tabagisme et la consommation de stupéfiants). Les maladies, les malformations et les accidents de la vie peuvent aussi favoriser ou limiter le développement harmonieux des humains et jouent ainsi sur le bien-être matériel et spirituel, la résilience, l'ingéniosité et l'adaptabilité, dont le manque est souvent la source de la pauvreté.

« Nous sommes tous d'accord sur le fait que de être un pauvre extrême n'est pas un choix de vie. »

La pauvreté dans le monde ne diminue jamais. Ce serait bien réducteur de penser que les pauvres extrêmes sont des idiots qui ne méritent pas mieux. Car cela est faux. À l'opposé, l'ultra-riche va sans doute laver sa conscience en participant à améliorer la condition des pauvres extrêmes, mais sans jamais s'attaquer à la cause de cette pauvreté.

Mais si l'on analyse l'ensemble des zones pauvres ayant été arrosées par les offrandes des riches, que sont réellement devenus ces pauvres ?

Leur condition, a-t-elle significativement changée depuis ces cadeaux donnés, en bon seigneur, par des riches ?

Ces pauvres, sont-ils toujours pauvres ou beaucoup moins pauvres qu'auparavant ?

Dans le monde, une poignée d'hommes détient une fortune supérieure à la moitié de celle de l'humanité globale. Ces hommes ont probablement mérité leur fortune. Cependant, si vous divisiez par quarante leur fortune, ils seraient encore milliardaires.

Pour information, les entreprises de Monsieur Bill GATES gagnent environ 4 630 dollars par seconde !

Pendant que la moitié du monde se prive des joies de la vie juste pour survivre, l'empathie des ultra-riches ne semble pas être une vertu qu'ils convoitent.

> Soit, cela est un jeu pour eux,
> soit, ils recherchent à se dépasser les uns les autres.

Dans le tableau ci-dessous, les 10 hommes les plus riches au monde en 2022.

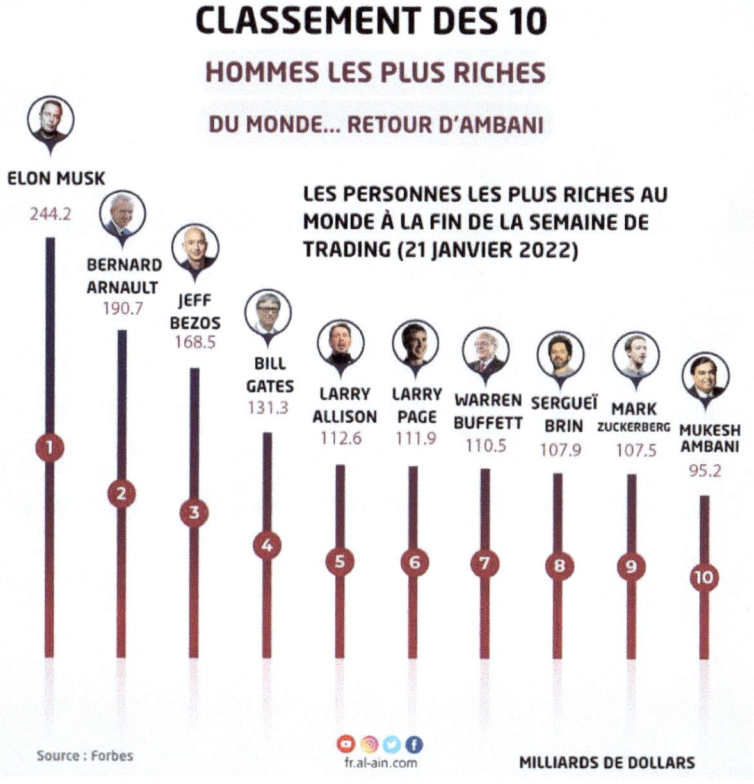

RAPPEL

Toutes les cartes et images intégrées dans cet ouvrage sont visibles en couleur grand format sur le site Officiel de l'Auteur : **https//www.patricklalevee.com**

Il faut noter que pour beaucoup d'entre eux, la pandémie leur a permis de multiplier par deux leur fortune.

Les ultra-riches sont encore plus riches, et pendant ce temps, beaucoup meurent de faim !

> **Concrètement, un ultra riche milliardaire est-il plus heureux qu'un ultra riche millionnaire ?**

Nous devons nous méfier de ce monopole indécent qui ne rime à rien. Un jour, un ou plusieurs de ces riches de ce monde souhaiteront devenir les maîtres du monde. Ils pourront ainsi acheter toutes les infrastructures leur permettant de réaliser leurs rêves les plus fous.

> *« Un plafond de ressources éviterait un monopole potentiellement dangereux pour l'humanité. »*

Un plafond de ressources devrait être mis en place pour tous les riches mondiaux. Au-delà de ce plafond, les sommes perçues par ces ultra-riches serviraient l'intérêt commun et pourraient être distribuées à chaque pays proportionnellement au nombre d'habitants, afin d'améliorer ou d'entretenir les conditions de vie et les structures. En attendant que cette loi internationale soit appliquée, il est indispensable que chaque grosse entreprise nationale et internationale paie des impôts comme chaque citoyen, et proportionnellement aux bénéfices réalisés sur le territoire. Google, Amazon, Facebook, entre autres, suivant le taux de taxation du pays et sans déduction du coût d'éventuels investissements.

Si une entreprise souhaite investir, libre à elle de le faire, mais elle n'obtiendra pas de réduction d'impôts qui serait considérée comme un privilège unilatéral.

[Remarquer simplement les milliards générés par toutes ces grandes entreprises, ainsi que les dépenses pharaoniques investie dans la **DÉCOUVERTE** *de l'ESPACE par exemple. Alors que non loin de chez nous, de chez eux, l'Homme meurt de tout !]*

C'est beau de rêver, de comprendre qui nous sommes et où nous nous situons dans l'univers, d'aller toujours et encore à la découverte de la vie ailleurs, mais cela l'est moins quand nous ne sommes pas capables de faire vivre tous les humains déjà présents sur terre.

À vous, les riches, cela ne vous dérange-t-il pas de vous promener en yacht, en limousine, en jet, en voiture de sport, de vous pavaner et de compter le nombre de vos maisons dans le monde, tout en sachant ou en voyant la misère quotidienne que subissent les plus fragiles d'entre nous ?

À vous, les politiciens ou chefs d'États, n'avez-vous pas honte de seulement prôner l'intérêt de votre petit groupe d'humains sans rechercher à organiser une véritable campagne internationale pour améliorer les conditions humaines des pays défavorisés ?

[Observer simplement les milliards dépensés par de nombreux pays pour la fabrication d'ARME de DESTRUCTION, quand sur notre sol ou dans des pays voisins l'Homme meurt de tout !]

Depuis des années, l'argument est indéfiniment le même. Fabriquer des armes pour se protéger. Puis un jour, il y a un grave conflit avec une tête brûlée comme chef d'État, et là, sans trop comprendre, c'est la guerre. Alors, les armes de plus en plus sophistiquées et disponibles serviront à détruire l'humain. Ils ne comprennent décidément pas que c'est l'instruction et le partage qui sont les clés de l'harmonie, et non les armes qui, comme d'habitude, saccageront tout sur leur passage.

Un jour, ces armes à disposition, détruiront tout.

Fabriquer des armes pour maintenir la paix, la liberté … cela fonctionne-t-il vraiment ?

Les milliards dépensés ne seraient-ils pas plus utiles pour fabriquer des structures dans les pays défavorisés, les aider à être autonomes et améliorer leur condition de vie ?

Il est peut-être temps de trouver un accord international pour que chaque pays s'engage à ne plus fabriquer d'armes de destruction. Nos politiciens devraient s'organiser pour mieux répartir les budgets et œuvrer pour éviter la progression de la famine dans le monde, ainsi que les maladies en augmentation. Bien évidemment, le problème n'est pas d'être riche, et si tout le monde l'était, cela serait génial. Mais le problème, c'est plutôt d'être ultra-riche et de ne pas s'investir pour réduire les grandes difficultés qui menacent les Hommes, quand une trop grande majorité d'entre eux sont trop pauvres pour subvenir à leurs besoins vitaux.

[Ce déséquilibre est particulièrement éhonté.]

« Il est primordial de se mobiliser pour organiser, ensemble, une réunion constructive, qu'ils contribuent efficacement à l'amélioration du monde. Ils auront au moins la reconnaissance de l'humanité ! »

Dans cette concurrence et cette course au pouvoir, les pays favorisés ou les grandes sociétés ne profitent-ils pas un peu des pays défavorisés ?

Pour le bien et l'équilibre de l'humanité, les pays riches doivent irrémédiablement s'impliquer dans la construction des différentes structures qui permettent aux pays défavorisés de s'épanouir.

Mais reconnaître l'importance de l'action des pays riches ne suffit pas. Pour que cette implication ait un véritable impact et permette un équilibre durable, il faut aller plus loin. Poser des règles claires qui limitent l'accumulation excessive de richesses et assurent que l'excédent bénéficie réellement à l'ensemble de l'humanité. C'est dans cette perspective qu'une réflexion sur un plafond de patrimoine et de finances personnelles, assorti de mécanismes de redistribution, devient essentielle.

Tout grand changement commence par une prise de conscience collective. Avant de créer une règle nouvelle, il faut d'abord reconnaître qu'un déséquilibre existe. Aujourd'hui, les écarts de richesse atteignent des niveaux rarement observés dans l'histoire humaine. Une minorité concentre une part considérable des ressources mondiales, tandis qu'une grande partie de la population peine à satisfaire des besoins essentiels comme l'éducation ou la santé.

La première étape vers une nouvelle règle consisterait donc à établir un constat partagé. La réussite individuelle est légitime, mais l'accumulation illimitée pose un problème d'équilibre. Il ne s'agirait pas d'opposer les riches aux pauvres, ni de condamner la prospérité, mais de reconnaître qu'au-delà d'un certain seuil, la concentration excessive des ressources peut fragiliser la stabilité sociale, économique et même démocratique.

Une fois ce constat admis, il faudrait formuler un principe simple et compréhensible par tous. Chaque individu disposerait d'une période définie, par exemple trente années, pour développer librement son patrimoine et ses finances. Durant ce temps, l'innovation, l'investissement, la prise de risque et l'ambition resteraient totalement encouragés. La liberté d'entreprendre ne serait pas remise en cause.

Au terme de cette période, un plafond serait appliqué. 500 millions pour le patrimoine global et 1 milliard pour les finances personnelles. Toute progression supplémentaire au-delà de ces limites serait automatiquement orientée vers un fonds international dédié exclusivement à l'éducation et à la santé. Ce plafond ne viserait pas à uniformiser les fortunes, mais à fixer une limite raisonnable au-delà de laquelle l'accumulation deviendrait excessive.

Mais comment passer d'une idée à une règle mondiale ?

La deuxième étape serait politique. Une telle réforme ne pourrait pas être imposée par un seul pays. Elle devrait naître d'un débat international. Les grandes puissances économiques devraient d'abord engager des discussions, accompagnées d'experts en économie, en droit, en fiscalité et en gouvernance mondiale.

Un sommet international pourrait être organisé sous l'égide d'institutions existantes, afin de définir les bases communes :

- définition précise du plafond patrimonial et financier,

- modalités de calcul du patrimoine et des finances,
- durée exacte de la période d'enrichissement,
- mécanismes de contrôle,
- règles de redistribution.

La transparence serait essentielle. Les critères devraient être identiques pour tous les pays afin d'éviter les déplacements massifs de capitaux vers des territoires plus permissifs.

La troisième étape serait juridique. Chaque État intégrerait la règle dans son droit national, en adaptant ses systèmes fiscaux et successoraux. Un registre patrimonial international pourrait être créé pour assurer le suivi des grandes fortunes, avec des mécanismes de contrôle indépendants et audités régulièrement.

La question des héritiers serait également intégrée dès le départ. Si un individu hérite d'un patrimoine, les trente années d'enrichissement ne s'appliquent qu'une seule fois par lignée. Si le délai a déjà été écoulé pour le parent, il n'est pas prolongé pour l'héritier. Si le plafond est atteint, l'excédent doit être redistribué. Si le plafond n'est pas atteint, il ne se passe rien. En revanche, si un héritier reçoit le patrimoine avant l'épuisement du délai initial de 30 ans, il pourra continuer à développer ses biens jusqu'à la fin de cette période, mais ensuite, le plafond s'appliquera exactement comme pour le premier détenteur.

Ainsi, chaque génération reste responsable de la gestion et des limites de sa propre richesse. Le système éviterait les accumulations sans fin sur plusieurs générations, tout en laissant à chacun une réelle liberté d'action.

La quatrième étape serait économique et technique. Il faudrait créer un fonds mondial de redistribution strictement encadré. Ce fonds aurait une mission claire. Financer l'éducation et la santé dans les régions les plus fragiles du monde.

Les investissements seraient ciblés :

- construction d'écoles et d'universités,
- formation d'enseignants,
- création d'hôpitaux et de centres de soins,
- accès à l'eau potable,
- campagnes de prévention sanitaire.

La gestion de ces fonds devrait être transparente, contrôlée par des instances indépendantes afin d'éviter la corruption ou les détournements.

Enfin, la dernière étape serait culturelle. Une règle ne fonctionne réellement que si elle est acceptée moralement par la population. Il faudrait donc expliquer que ce plafond n'est pas une punition contre la réussite, mais une manière d'assurer un équilibre durable.

Le message central serait simple. La réussite personnelle est encouragée, mais au-delà d'un niveau largement suffisant pour plusieurs vies, la contribution devient une responsabilité. Plus le pouvoir financier est grand, plus la responsabilité envers la société doit l'être aussi.

Un tel système ne pourrait fonctionner que si tous les pays majeurs l'adoptent. Sans coordination mondiale, les capitaux se déplaceraient vers les États les moins stricts. La réussite du projet dépendrait donc d'un engagement collectif fort, comparable aux grands accords internationaux sur le climat ou le commerce.

Pour ce concept, nous pourrions alors imaginer que la règle ne soit pas attachée à un territoire mais à la personne elle-même. Quelle que soit l'endroit où l'individu construise sa fortune, l'ensemble de son patrimoine resterait soumis au plafond international. Un simple changement de pays ne permettrait donc pas d'échapper à la redistribution. La responsabilité suivrait sa richesse partout où elle se trouve.

> « *L'aboutissement d'un tel processus ne viserait pas une égalité parfaite entre tous les êtres humains. L'objectif ne serait pas d'effacer les différences, mais d'empêcher les déséquilibres extrêmes.* »

En laissant trente années de liberté totale d'enrichissement, le système reconnaît l'effort, le mérite et l'innovation. En fixant ensuite un plafond de 500 millions pour le patrimoine et 1 milliard pour les finances, il protège l'équilibre mondial. En redistribuant vers l'éducation et la santé, il investit dans l'avenir commun. Ce modèle repose sur une idée simple. La prospérité individuelle peut coexister avec la justice collective, à condition que des limites claires soient fixées pour préserver l'équilibre humain à long terme et que la règle s'applique équitablement à toutes les générations.

CHAPITRE VIII

Vers une Monnaie Numérique Unique.

Pour la toute première fois dans l'histoire de l'humanité, à la faveur de la pandémie de Covid-19, les hommes de tous les pays ont été réunis sous l'égide d'un seul organisme. L'OMS. (Organisation mondiale de la santé.)

Si, auparavant, cette institution passait relativement inaperçue pour le grand public, la crise de 2019 l'a révélée au grand jour. Simultanément, les peuples de chaque nation ont subi les mêmes épreuves et ont été informés, en temps réel, de l'évolution globale du virus Covid-19.

Par l'intermédiaire des représentants, l'influence de l'OMS a été considérable. Partout, les populations ont vécu les mêmes difficultés liées au confinement, au couvre-feu et aux mesures privatives de libertés. Malgré la barrière des langues, chaque peuple avaient compris que nous étions tous égaux face à un tel péril. Maintenant que l'OMS a réussi à cristalliser l'attention sur un danger commun, l'humanité semble prête pour la prochaine évolution.

(Le passage à la monnaie numérique, puis à la monnaie unique.)

Dans certains pays favorisés, cette transition est déjà une réalité tangible. La Suède et le Danemark, par exemple, sont des nations où l'argent liquide a pratiquement disparu du paysage quotidien. En 2022, en Suède, la majorité des paiements s'effectuait déjà par voie numérique. L'argent physique en circulation n'y représentait qu'environ 1 % du Produit Intérieur Brut (PIB), contre plus de 12 % dans la zone euro.

Ce sont avant tout les particuliers qui ont été les moteurs de cette numérisation des échanges, une tendance qui se généralise désormais dans tous les pays industrialisés. Menant une vie de plus en plus connectée, les consommateurs plébiscitent des moyens de paiement électroniques, jugés plus pratiques et sûrs.

Selon une étude de la Banque nationale suédoise de 2020, ce recul du numéraire a été accéléré par des mesures politiques, notamment les initiatives du législateur pour lutter contre la fraude fiscale liée à l'anonymat des espèces.

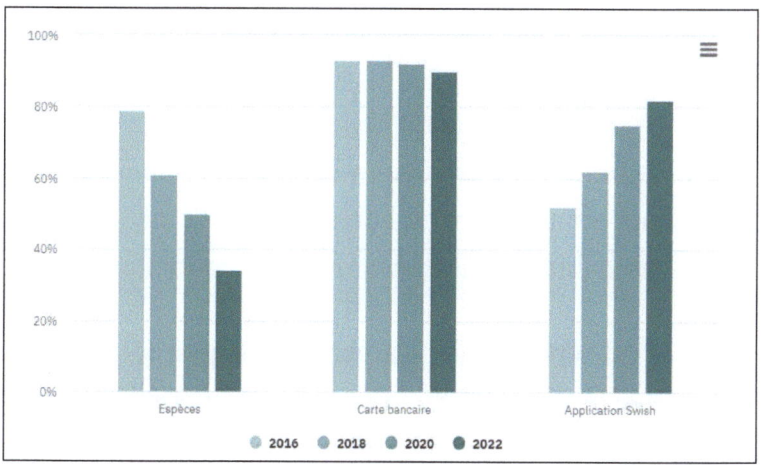

RAPPEL

Toutes les cartes et images intégrées dans cet ouvrage sont visibles en couleur grand format sur le site Officiel de l'Auteur : **https//www.patricklalevee.com**

Depuis de nombreuses années, les achats se font majoritairement par carte bancaire et les distributeurs de billets s'effacent de nos rues. La quasi-totalité des commerçants est équipée de terminaux de paiement où les transactions s'automatisent d'un simple code ou d'une empreinte. Le paiement s'effectue désormais via un téléphone, une montre connectée, et très prochainement, par l'intégration d'un composant électronique implanté sous la peau. Peu à peu, la monnaie physique s'éteint, rendant les paiements en espèces impossibles.

Cette monnaie numérique offrira d'innombrables avantages sans poser d'inconvénients majeurs pour le citoyen honnête, car elle ne modifiera pas nos habitudes de consommation courantes.

L'époque de l'argent physique sera bientôt révolue, et avec elle, toutes les infractions liées aux flux financiers deviendront impossibles. Grâce à cette traçabilité intégrale, il n'y aura plus d'agressions de rue pour voler un portefeuille, et le commerçant ne craindra plus de voir sa caisse dérobée. Les « dessous de table » entre promoteurs et autres professions disparaîtront. Les dealers ne pourront plus écouler leurs produits, car la moindre transaction illicite sur un compte bancaire sera immédiatement détectable et fera l'objet d'une enquête. Les fraudeurs, incapables de comprendre l'inviolabilité du système, seront promptement repérés et sanctionnés. Il en ira de même pour la prostitution illicite.

Cette monnaie numérique mettra un terme définitif aux activités des malfrats, des trafiquants et à la corruption qui gangrène les relations entre certains politiciens et chefs d'entreprise. Elle rendra le travail non déclaré impossible, incluant les petits arrangements locaux entre mairies et sociétés. Bien que des échanges de services ou des cadeaux physiques puissent subsister, ces avantages en nature seront, selon certaines estimations, observables et contrôlables.

À chaque niveau de la société, les trafics s'étioleront, mettant fin, dans certains pays, à l'exploitation forcée des femmes et des enfants contre rémunération. Certes, des escrocs tenteront d'inventer de nouvelles ruses pour justifier des transactions suspectes, via des prestations de services imaginaires comme des soins moraux ou des conseils fictifs, mais la transparence globale l'emportera.

La monnaie numérique aura que des avantages.

Bien évidemment, il y aura certaines personnes qui s'opposeront à cette évolution par crainte de perdre une part de leur passé, de leur identité ou de leurs habitudes. En s'accrochant à un modèle qui n'est plus viable, elles refusent ce modernisme et la sécurité qu'il promet aux générations futures. Avec la fin des liquidités, même la mendicité urbaine disparaîtra. Par la force des choses, les sans-abris devront s'organiser pour vivre du fruit d'un travail et se rapprocher des services sociaux existants pour être accompagnés dans leurs démarches.

<u>Plusieurs étapes sont d'ailleurs déjà en cours.</u>

- **La suppression des grosses coupures.**

  Les coupures de 500 € sont supprimées depuis 2019. À terme, l'idée, sera de supprimer les billets de 200, puis de 100. Jusqu'à ce qu'il n'y ait plus de billet en circulation.

- **La diminution des plafonds de transaction.**

  Depuis 2019, le montant maximum autorisé pour les transactions en liquide est de 1000 €. À terme, ce montant devra être progressivement diminué, jusqu'à une interdiction des transactions d'argent liquide en France.

- **La réduction du nombre de distributeurs automatiques.**

  Progressivement, les banques diminue le nombre de distributeurs automatiques.

- **Et enfin, l'obligation pour les banques à fournir un compte universel gratuit pour tous.**

    Le but étant d'équiper progressivement tous les Français sans exception, (Mineurs et adultes), afin de disposer d'un compte bancaire avec un IBAN.

Face à une augmentation massive de la population et aux défis de la délinquance, comment s'en sortir autrement ?

Les personnes les plus obtuses défendront leurs raisonnements en expliquant, avec de multiples arguments tous azimuts, qu'elles ne veulent pas d'une société digitalisée, d'une surveillance de masse ou du traçage de leurs transactions bancaires (caméras de surveillance, reconnaissance faciale, traçage de position, fichage, carte d'identité numérique, passeport sanitaire ou paiement par carte bleue).

Il est pourtant évident que la vie d'avant n'existera plus. L'énergie que déploient ces personnes à se raccrocher aux branches du passé devrait plutôt servir à construire l'avenir.

Oui, il n'y aura plus de monnaie physique.

Oui, il n'y aura plus d'argent de poche pour votre enfant.

Oui, il n'y aura plus de pourboire physique, ce dernier étant déjà remplacé par le pourboire numérique.

De ce fait, l'argent non déclaré n'existera plus. Nous vivrons dans un monde plus sécurisé, plus sûr ou la véritable liberté sera privilégiée.

> Du plus gros au plus petit voleur,
> l'escroquerie généralisée disparaîtra.

Ceux qui ont peur de l'avenir vous diront que les autorités pourraient bloquer nos moyens de paiement numérique s'ils jugent notre comportement inadapté. Ils redoutent un contrôle social similaire au modèle chinois, où l'on serait mis sur une liste noire, perdant ses avantages passés au moindre écart. C'est justement à nous de nous organiser pour que la monnaie numérique ne serve pas de moyen de pression contre les droits fondamentaux des citoyens, mais reste au contraire en adéquation avec la liberté. Si nous laissons certains raisonner avec des idées arriérées et arrêtées, nous ne ferions que reculer. Le moderne ne doit pas faire peur. Nous devons simplement nous réjouir et l'accueillir.

Comme pour toute évolution, il faut se poser les bonnes questions. Quelle est la part du bénéfice par rapport au risque ?

À l'époque où l'automobile a été inventée, si nous avions mis en avant qu'elle tue, **1 personne toutes les 21 secondes** dans le monde, aurions-nous dû ne jamais commercialiser l'automobile ?

Il est évident que cette transition ne plaira pas à tout le monde !

Pour certains, la liberté résonne comme un droit à l'infraction ou la possibilité de commettre un acte illicite ou frauduleux. C'est pourquoi la justice devra s'adapter et revoir ses outils de sanction. Les peines devront être mieux adaptées, sévères et justes pour éviter toute récidive. Le but n'est pas d'infliger une petite sanction pour qu'un individu recommence peu de temps après, mais de le sanctionner suffisamment pour ne plus jamais le revoir dans un tribunal.

Dans ce cadre, les prisons seraient exclusivement réservées aux tueurs, violeurs et grands malfrats. Les petits voyous du quotidien se verraient sanctionnés par des restrictions numériques, comme le refus :

- de faire un crédit,

- d'accès à un lieu de loisir,

- de prendre le train ou l'avion,

- de créer une entreprise,

- d'acheter un appartement,

- Entre autres…

On pourrait même imaginer un système de points comme en Chine !

S'ils n'ont rien à se reprocher, cette monnaie numérique leur permettra surtout d'avoir plus de pouvoir d'achat, et l'ensemble des échanges mondiaux sera simplifié. Les salaires seront proportionnels à l'économie du pays, et pour garantir un équilibre mondial sans abus ni dissimulation, des taxes d'exportation seront établies afin d'éliminer toute injustice liée à l'irrégularité des charges locales. Désormais, une entreprise locale ne sera plus pénalisée par la concurrence de produits fabriqués dans des pays où les charges sont moindres. À terme, pour un même salaire, la population travaillera moins.

Imaginez l'argent qui ne rentrait jamais dans les caisses de l'État auparavant et qui, d'un coup, permet enfin une répartition équitable des budgets pour chaque foyer dans le monde !

Le travail au noir d'une partie des personnes au chômage, l'évasion fiscale des plus riches pour échapper à l'impôt... tout cet argent pourra enfin être utilisé pour l'amélioration et l'entretien de notre société. Il y aura beaucoup moins de cotisations pour les entreprises ou de retenues sur les salaires (assurance sociale, ou chômage). Les retraites seront mieux payées et les finances publiques de chaque pays seront en excédent.

> Et pour faire encore mieux, la monnaie ne devra pas seulement être numérique. *« Il faudra aussi qu'elle soit unique. »*

Depuis plusieurs dizaines d'années, les pays ont pris l'habitude de vivre à crédit, empruntant non pas des millions, mais des milliards pour combler leur incompétence en gestion. C'est peut-être aussi une manière de culpabiliser le peuple pour lui faire accepter des sacrifices ou de nouvelles taxes. Ainsi, le déficit est comblé par des crédits qui remboursent d'autres crédits.

<u>« Tous les pays du monde sont concernés. »</u>

Pratiquement tous vivent au-dessus de leurs moyens alors que les recettes chutent et que les besoins augmentent. Certains pays ne créent plus aucune richesse et subsistent seulement par l'impôt. Comme pour n'importe quel foyer, les revenus d'un État dépendent de ses recettes, et les dépenses devraient donc être théoriquement limitées.

Dans le tableau ci-dessous la carte de l'endettement de chaque pays selon leur PIB en 2020.

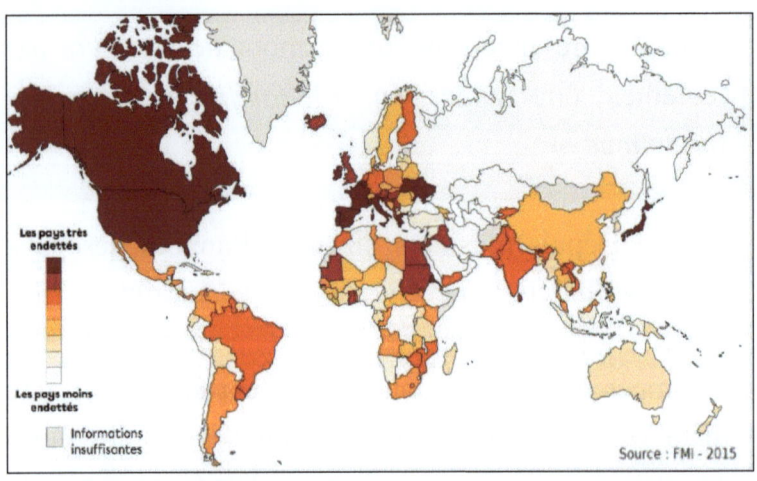

« L'argent doit être géré consciencieusement en fonction de sa disponibilité. »

<u>Les sources de revenu principales d'un État proviennent généralement de</u> :

- Les taxes.
- Les impôts.
- Les redevances payées par la population et les entreprises.

<u>Les dépenses principales d'un État proviennent généralement de</u> :

- L'enseignement scolaire.
- La défense.
- Les intérêts de la dette.
- La recherche.
- La santé.
- Les aides sociales.
- La sécurité.
- Les infrastructures.
- Travail et emploi.
- La justice.

Dans le tableau ci-dessus, l'évolution de la dette mondiale de 1974 à 2020.

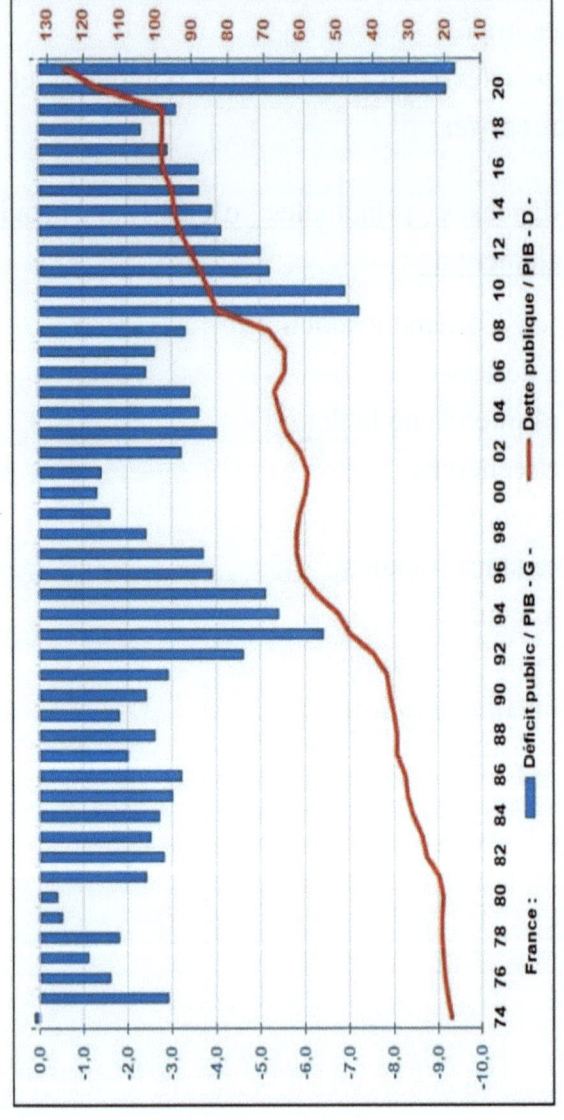

Lorsque les politiciens veulent nous inciter à faire des efforts, ils affirment que tout va mal pour nous culpabiliser et nous faire accepter de nouvelles mesures contraignantes. Pourtant, en parallèle, chaque année, par leur mauvaise gestion, ce sont encore et toujours de nouveaux milliards qui viennent s'ajoutent à notre impressionnante dette publique.

La dette publique française, en fin 2016, s'élevait à environ 2 160 milliards €. Entre 2017 et 2022, elle a principalement augmenté en raison des déficits budgétaires et des mesures liées à la Covid-19. Et en fin 2022, la dette publique atteignait environ 2 900 milliards €.

<u>SOIT 740 milliards €</u>. (En seulement 5 ans.)

Peut-on alors considérer que nos politiciens sont de véritables incompétents ?

> Il dépense votre argent comme si c'était des bonbons, et en plus, il vous emmerde.

Comme pour tant d'autres dirigeants, nous pourrions imaginer qu'il a pourtant bien fait son travail ou qu'en retour, notre condition de vie est assurément meilleure qu'avant.

Mais il n'en est rien !

Nous pourrions également parler de l'argent public versé aux partis politiques pour financer les élections présidentielles. En France, les partis politiques reçoivent notre argent pour fonctionner. Même les partis qui obtiennent moins de 5 % des voix touchent environ 800 000 €, tandis que ceux qui dépassent 5 % peuvent recevoir jusqu'à 8 millions d'euros par an. Ces fonds servent à payer les locaux, les campagnes, et le fonctionnement du parti. Ce système permet à tous les partis, petits ou grands, de participer à la vie politique, mais certains jugent que ces sommes sont trop élevées

Quel est l'intérêt de dépenser une somme aussi colossale, multipliée par autant de prétendants, quand le pays est en souffrance ?

Il y a inévitablement un abus et un mépris considérable exercés sur le dos du peuple. Il semble qu'il n'y ait aucune limite pour profiter du système qu'ils se sont eux-mêmes fixé. C'est comme si nous pouvions nous fixer notre propre salaire, nos propres subventions, nos propres indemnités, nos propres frais de déplacement ou notre propre retraite. C'est une insulte, surtout quand les citoyens ont des difficultés dans la vie de tous les jours.

Et si nous utilisions l'argent de leurs comptes bancaires pour payer des services inutiles ou excessivement coûteux, qu'est-ce que cela leur ferait ?

Il est évident que ce système de crédit, qui semble inépuisable, ne peut pas durer. Il ne fonctionne qu'à la condition qu'il y ait des prêteurs disponibles, qu'il s'agisse de riches investisseurs privés, des banques ou du Fonds monétaire international (FMI). Dans ce système, le jour où un prêteur ne souhaite plus prêter, nous rentrerons dans une phase de faillite. C'est sans doute ce que nos politiciens redoutent. Sans production de richesse réelle, nous n'aurons d'autre choix que d'implorer le FMI de nous prêter de l'argent, ce qui causera, sur le long terme, la dévaluation de notre monnaie. Le crédit n'est donc pas une solution durable. Peu à peu, les pays vont s'enfermer dans un système de dévaluation monétaire où l'argent n'aura plus la même valeur théorique et où tous les produits seront exponentiellement chers.

Dans ce processus, la misère va augmenter et, dans cette détresse, de nombreux conflits vont apparaître. Si nous voulons vivre dignement, l'économie doit s'améliorer et s'équilibrer. Nos enfants n'ont pas à payer les erreurs de nos politiciens. Aujourd'hui, certains disent qu'à cause de la pandémie passée, le monde va s'améliorer, que nous allons réagir aux difficultés économiques, nous adapter et renaître. Durant cette transition, il y aura assurément beaucoup de laissés-pour-compte, victimes d'un chiffre d'affaires professionnel en chute libre. Celui qui n'a pas d'argent ni de patrimoine risque d'avoir une existence très difficile par rapport à une personne qui a pu mettre de l'argent de côté pour les coups durs à venir.

De nombreuses personnes auront leur part d'épreuve, du chef d'entreprise qui a donné sa vie pour réussir et se retrouve pour la première fois en faillite, jusqu'au jeune couple qui a acheté une maison à crédit que l'on saisira parce qu'il a perdu son emploi. Pour certains, de nombreux mois seront difficiles à passer. À cause de la perte de chiffre d'affaires et de crédits non remboursés en trop grand nombre, les banques seront elles-mêmes victimes de cette conjoncture. Pour leur permettre de surmonter cette épreuve, certaines lois bancaires ont déjà été votées et sont passées pratiquement inaperçues aux yeux du grand public.

- Notamment, pour la France, la loi du 21 aout 2015 sur les banques, entrée en vigueur le 01 janvier 2016, stipule qu'en cas de crise financière et de défaillance bancaire, la banque ira ponctionner dans les comptes de ses clients sans que l'État n'ait la possibilité de venir la sauver.

Pour le moment, elle s'applique à tous les comptes supérieurs à 100 000 euros. Cela veut dire qu'en cas de difficulté financière, la banque en difficulté a la possibilité de prendre votre argent pour se sauver. « *Au-dessus de 100 000 euros.* »

Mais qui nous dit qu'en cas d'ÉTAT D'URGENCE, ce plafond ne baissera pas de nouveau à la dernière minute ?

Pensez-vous que les riches ne sont pas informés de cette loi ?

Pensez-vous qu'ils ne se sont pas déjà organisés pour que les banques ne leur saisissent rien ?

Un autre exemple passe également inaperçu. Il s'agit de l'influence du dollar sur notre économie.

Le dollar est la monnaie la plus utilisée à l'international, et dans le cadre d'une transaction effectuée avec cette devise, c'est systématiquement le droit américain qui s'applique. C'est ainsi que la banque BNP a été condamnée à pratiquement 9 milliards de dollars en 2015.

Dans un contexte de déséquilibre monétaire mondial, les riches placeront leur argent dans l'or, l'immobilier, les actions ou l'art, et pour certains, investiront dans leurs propres entreprises. Si ce crash financier devait arriver, les économies de toute une vie s'envoleraient pour certains d'entre nous. Certains fatalistes considéreront cela comme « un mal pour un bien », un sacrifice nécessaire pour un monde meilleur.

Sauf que le sacrifice, c'est souvent le pauvre qui le subit !

Les moins riches seront contraints de faire la queue devant les distributeurs et les banques pour récupérer quelques billets afin de vivre l'espace d'une semaine. À défaut de liquidités suffisantes, la colère grandira. Malgré le déploiement des forces de l'ordre, rien ne pourra arrêter la vague de violence considérable et compréhensible répartie sur les territoires. Alors, des émeutes seront enregistrées partout, ce qui poussera nos gouvernants à réagir vite et à prendre des décisions rationnelles pour garantir une stabilité pérenne.

C'est probablement à ce moment-là que la monnaie numérique unique mondiale devra être instaurée, en même temps que le « Grand Reset », la remise à zéro des comptes bancaires des États et l'effacement de la dette.

> Cette monnaie numérique unique mondiale, destinée à nous unir pour un meilleur équilibre planétaire, pourrait alors s'appeler le : « *PHÉNIX* ».

CHAPITRE IX

L'Ombre du Cataclysme.

Que se passerait-il, si nous devions faire face à un fou fanatique, idéologique ?

A un dirigeant doté de la puissance nucléaire militaire et animé par le désir de conquérir le monde ?

C'est précisément dans ces moments d'incertitude que nous prenons conscience de l'intérêt vital de mettre en place une institution supérieure à celle de nos dirigeants actuels. Au moment où j'écris ces lignes, la guerre entre la Russie et l'Ukraine sévit depuis 2022. Ce que j'avais redouté est malheureusement arrivé.

À travers le troisième secret de Fatima, la Vierge Marie nous avait pourtant prévenus lors de son apparition en 1917, au Portugal. Aujourd'hui, la réalité du front confirme ces prophéties. Pour rappel, le premier secret de 1917 annonçait avec précision la fin de la Grande Guerre en 1918. Et ce fut le cas.

Le deuxième secret indiquait que la consécration de la Russie serait effectuée. Et ce fut chose faite en 1984 par Jean-Paul II, entraînant par la suite la chute du mur de Berlin en 1989 et l'effondrement du bloc soviétique en 1991.

Quant au troisième secret, il semblait décrire une troisième guerre mondiale d'un genre nouveau, un conflit dilué sous différentes formes, mais perpétuellement écrasé par la menace nucléaire.

Certaines interprétations évoquaient même une déstabilisation de la papauté !

Que l'on soit croyant ou non, la réalité est là. Et la véritable question demeure. Comment protéger nos enfants ?

Comment éviter l'escalade démesurée d'un dirigeant destructeur ?

Ce que nous imaginions être une garantie de sécurité, **la bombe atomique**, devient soudainement l'ombre d'un cataclysme potentiel.

À l'origine, les pays qui en étaient dotés, étaient pour la plupart, des nations stables, dont les dirigeants respectaient globalement les droits de l'Homme. Mais peu à peu, d'autres s'en sont dotés.

Obtenir une force de dissuasion vise théoriquement à décourager toute tentative d'agression. Il paraissait alors légitime d'investir des milliards dans la préparation militaire, l'entraînement des troupes et la fabrication d'armes en tout genre, dans le but de préserver l'ordre, l'équilibre et la paix.

Or, nous comprenons désormais qu'une telle arme, entre les mains d'un dirigeant ayant perdu le sens des valeurs fondamentales, peut devenir fatale pour l'humanité toute entière.

> « La Russie avec les Américains, détiennent le plus gros arsenal nucléaire au monde. »

A quoi cela sert-il réellement ?

Une seule ogive nucléaire de 200 kilotonnes représente un potentiel destructeur environ 13 fois supérieur à celui de la bombe d'Hiroshima.

UNE SEULE !

La France en détient environ 290, d'une puissance comprise entre 100 à 300 kilotonnes. Avec un tel arsenal, notamment grâce à la capacité d'action de sous-marins pouvant se déplacer discrètement dans toutes les mers du monde, il n'est guère nécessaire d'en posséder davantage. D'autant plus que le coût d'entretien annuel est estimé entre 25 à 30 millions d'euros par ogive.

Dans le tableau ci-dessous l'arsenal nucléaire par pays en 2021.

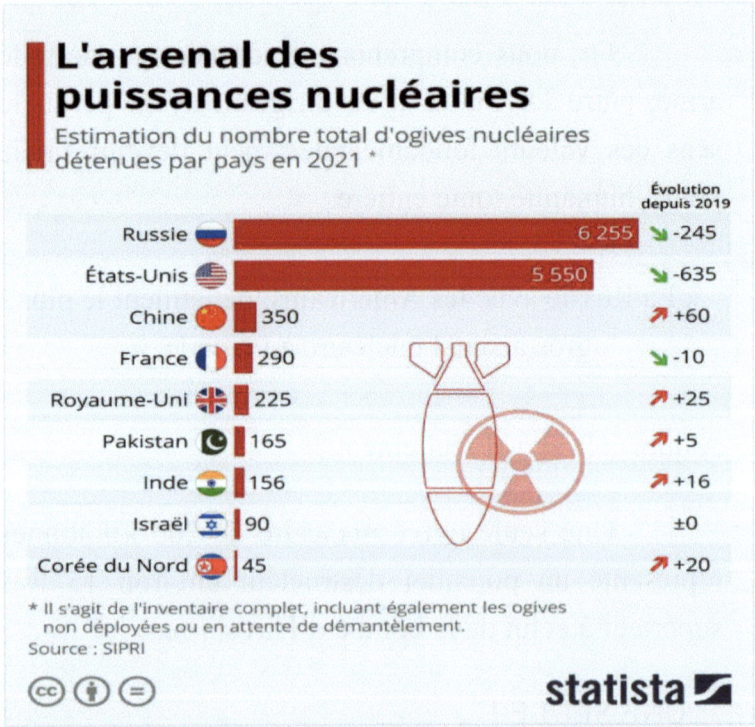

Dans le tableau ci-dessous les conséquences d'Ogives nucléaires sur une zone géographique.

Ogives	15 KT	50 KT	100 KT	500 KT	1 MT	10 MT
Boule de feu	R 230 m	R 380 m	R 500 m	R 950 m	R 1260 m	R 3150 m
Bâtiment entièrement détruit	R 540 m	R 800 m	R 1010 m	R 1730 m	R 2180 m	R 4690 m
Bâtiment partiellement détruit	R 1130 m	R 1690 m	R 2120 m	R 3630 m	R 4580 m	R 9860 m
Brulure au 3ème degrés	R 1680 m	R 2870 m	R 3900 m	R 7910 m	R 10700 m	R 28600 m
Vitres brisées	R 2900 m	R 4330 m	R 5460 m	R 9340 m	R 11800 m	R 25300 m
Retombée radioactive dangereuse selon orientation des vents	33 Km	59 Km	80 Km	153 Km	201 Km	469 Km

R=Rayon.

Le tableau ci-contre est un outil pédagogique permettant de visualiser des ordres de grandeur. Il va de soi que selon la puissance de l'ogive et l'environnement géographique, les dégâts seront différents. En fonction de l'altitude de détonation, de la nature du terrain, de la densité urbaine, des matériaux de construction, des conditions météorologiques et de l'orientation des vents, les effets d'une explosion nucléaire varient considérablement. Aussi, la retombée radioactive n'est jamais circulaire ni uniforme. Elle dépend fortement des vents dominants et se présente généralement sous la forme d'un panache allongé pouvant s'étendre sur de longues distances.

RAPPEL

Toutes les cartes et images intégrées dans cet ouvrage sont visibles en couleur grand format sur le site Officiel de l'Auteur : **https//www.patricklalevee.com**

Avec la puissance nucléaire, n'importe quel dirigeant peut mettre à genoux n'importe quel pays.

Par peur d'être envahi, le conquérant choisira d'attaquer en premier, visant prioritairement la capitale adverse. Si cette stratégie échoue, il tentera de s'en approcher par tous les moyens militaires possibles jusqu'à ce que l'adversaire obtempère. Si la résistance persiste, il brandira la menace atomique.

Face à un adversaire qui ne fléchit pas, quatre scénarios se dessinent alors. Soit le dirigeant trouve une issue diplomatique en prétendant avoir atteint ses objectifs pour sauver la face, soit il poursuit une guerre conventionnelle tout en brandissant une menace nucléaire, soit il lance une bombe nucléaire tactique dans une région isolée, en guise d'avertissement ultime, pour démontrer qu'il ne bluffe pas, soit, enfin, il frappe réellement une ville, au risque de provoquer une véritable guerre mondiale.

« À ce jeu de ping-pong sans limite, une petite partie du monde peut très bien être rayée de la carte ! »

Mais aussi petite soit-elle, c'est toujours trop !

Et si les armes n'existaient plus ?

Si plus aucune munition n'était produite ?

Les hommes continueraient-ils à se faire la guerre ?

Peut-être reviendraient-ils aux méthodes d'autrefois. Avec des arcs, des flèches, des bâtons et d'autres outils faits maison.

Il y aurait au moins l'avantage d'avoir moins de morts !

Mais au fond, que faut-il à l'Homme pour apprendre la solidarité et accéder enfin à la sagesse ?

Pour qu'un désarmement nucléaire mondial soit correctement réalisé, suivi d'une réduction progressive des armements conventionnels, il faut une approche globale, graduelle et profondément structurée. Une telle transformation ne peut reposer ni sur la naïveté ni sur la contrainte brutale. Elle doit s'appuyer sur des mécanismes de confiance, de vérification, d'incitation et de justice internationale crédible. L'objectif n'est pas seulement de supprimer des armes, mais de transformer les logiques de sécurité qui les rendent nécessaires.

La première étape d'un désarmement nucléaire progressif consisterait à renforcer et universaliser les cadres existants de non-prolifération, en imposant une transparence totale sur les arsenaux et les capacités de production. Chaque État détenteur déclarerait officiellement ses stocks, sous contrôle d'inspections internationales renforcées et technologiquement avancées. La réduction s'opérerait par paliers vérifiables, synchronisés entre puissances nucléaires afin d'éviter tout déséquilibre stratégique.

À chaque phase respectée correspondraient des garanties de sécurité collective. Accords de non-agression, mécanismes de défense multilatéraux, et assurances diplomatiques engageant l'ensemble de la communauté internationale.

Parallèlement, un système d'incitations économiques et technologiques encouragerait l'adhésion volontaire. Les États respectant les engagements bénéficieraient d'un accès privilégié à des programmes de coopération, d'investissements internationaux, d'accords commerciaux préférentiels et de transferts de technologies civiles. À l'inverse, les pays qui rompraient leurs engagements ou adopteraient une posture agressive s'exposeraient à des sanctions économiques coordonnées. Tel que des restrictions financières, des limitations d'accès aux marchés internationaux et des gel d'avoirs stratégiques. Ces sanctions devraient être collectives, proportionnées et automatiques afin d'éviter les blocages politiques et les doubles standards.

Une fois le désarmement nucléaire engagé et stabilisé, la réduction des armements conventionnels pourrait suivre un modèle similaire. L'objectif ne serait pas de priver les États de toute capacité de défense, mais de limiter les arsenaux offensifs et les capacités de projection massive. Des plafonds régionaux adaptés aux contextes géopolitiques seraient définis, accompagnés de mécanismes de surveillance indépendants. La reconversion industrielle jouerait un rôle central. Les industries de l'armement seraient progressivement réorientées vers des secteurs civils stratégiques d'infrastructures, d'énergie, et de technologies environnementales, afin de préserver l'emploi et la stabilité économique.

Toute stratégie crédible de désarmement doit également inclure un volet judiciaire fort. Les violations graves, les crimes de guerre et les agressions caractérisées devraient relever d'une juridiction mondiale capable de juger effectivement les responsables, quels que soient leur rang ou leur nationalité. La création ou le renforcement d'un tribunal mondial supposerait un traité constitutif ratifié par une large majorité d'États, garantissant son indépendance financière et institutionnelle. Ses juges seraient élus pour des mandats longs et non renouvelables afin d'assurer leur impartialité. Son autorité reposerait sur un mécanisme d'exécution clair, comme la coopération obligatoire des États signataires, de sanctions automatiques en cas de refus d'extrader ou de coopérer, et de reconnaissance universelle de ses décisions.

Cependant, le désarmement durable ne peut exister sans réduction des inégalités mondiales. Les tensions militaires naissent souvent de frustrations économiques, de dépendances structurelles et d'instabilités sociales. Un plan de développement ambitieux pour les pays défavorisés constituerait donc un pilier central de la stratégie globale. Ce plan devrait reposer sur trois axes majeurs. Des investissement massif dans l'éducation et la formation, des accès universel aux infrastructures essentielles (eau, énergie, santé, numérique), et soutien à l'autonomie économique locale par le développement de filières durables.

Un fonds mondial pour la stabilité et le développement pourrait être alimenté en partie par la réaffectation progressive des budgets militaires réduits. Ces ressources financeraient des projets contrôlés par des mécanismes transparents, limitant la corruption et favorisant la participation locale. L'objectif ne serait pas de créer une dépendance à l'aide internationale, mais de renforcer la capacité interne des États à assurer leur propre prospérité.

En définitive, le désarmement mondial ne relève pas d'une simple suppression d'armes. Il implique une redéfinition profonde de la sécurité.

Celle-ci ne serait plus fondée sur la dissuasion par la destruction, mais sur l'interdépendance économique, la justice internationale et le développement partagé. La paix ne serait plus un équilibre de la peur, mais un équilibre d'intérêts communs. Une telle transformation exige du temps, de la volonté politique et une architecture institutionnelle robuste. Mais elle demeure concevable si la sécurité collective est pensée non comme une compétition de puissance, mais comme un projet commun d'humanité.

Or, pour que ce projet devienne réalité, il faut avant tout une volonté collective d'œuvrer pour une cause commune. Ce qui manque véritablement à notre monde, c'est la volonté d'œuvrer pour une cause commune. À ce jour, l'humanité n'a toujours pas trouvé la détermination de vivre en union et en harmonie. Pour certains, posséder la bombe suffit à imposer la loi du plus fort.

« C'est pour éviter ces dérives qu'un ordre mondial régulateur devrait être créé. »

Si quelqu'un venait chez vous vous menacer avec une arme pour prendre votre maison, accepteriez-vous ?

Vous battriez-vous ?

Céderiez-vous provisoirement pour revenir plus tard avec une arme ?

À l'intérieur d'un pays, la loi et les représentants de l'ordre empêchent de tels abus. Mais qu'advient-il à l'échelle internationale lorsqu'un dirigeant conquiert un pays voisin sous un faux prétexte ?

Où sont les gendarmes du monde pour l'arrêter ?

Cette situation confirme qu'il est indispensable de séparer les pouvoirs et de rendre la justice parfaitement indépendante. Dans un État stable, chaque individu, gouvernement compris, doit respecter le code de lois.

Les conséquences de la guerre en Ukraine ont déjà bouleversé l'économie mondiale, nous forçant à une prise de conscience brutale. Si les pays modernes se sont investis pour contenir le conflit, d'autres nations moins démocratiques observent cette guerre avec cynisme, y voyant un modèle pour leurs propres ambitions territoriales. C'est un malaise qu'il faut absolument éviter. Nos pays sont imbriqués les uns dans les autres. Chaque nation fournit aux autres le fruit de son savoir-faire.

Le gaz, le pétrole, les céréales et l'électronique. Nous dépendons tous de ces échanges.

Un peuple privé de matières premières voit son industrie s'effondrer. En cas de conflit, la raréfaction des ressources fait grimper les prix, pénalisant les populations les plus fragiles.

Dans chaque guerre, le seul et unique responsable est le dirigeant, soutenu par une poignée de radicaux. Et la grande majorité du peuple, qui n'a rien demandé, se retrouve piégée. Ces citoyens ne sont en aucun cas coupables. En anéantissant un pays voisin, un dictateur expose son propre peuple à des sanctions économiques lourdes pour des décennies.

Ce chaos provoqué devient paradoxalement le déclencheur d'une réflexion profonde sur nos besoins fondamentaux, mais à quel prix ?

Pendant que l'économie s'arrête, les civils se terrent dans des abris, des caves ou des couloirs de métro, parfois durant des mois dans le noir absolu, tandis que d'autres fuient par centaines de milliers.

Régulièrement, les puissances internationales interviennent pour mettre en place une médiation. Mais face à la pression d'un dirigeant fermé, avec ou sans arme nucléaire, une médiation ne peut rien. La seule option pacifique reste alors la JUSTICE INTERNATIONALE.

Un procès international, légitimé par l'ensemble des nations, serait alors l'ultime solution pacifique pour qu'une guerre se termine rapidement, voire, ne démarre pas. Mais si cette solution n'est pas adoptée d'urgence, alors, la seule alternative actuelle, reste le recours à la force.

> *« Nous ramenant encore à un comportement purement animal. »*

(Voir sur le sujet, le Tome 1 : Liberté, surpopulation et décadence 2020-2120, ainsi que le Tome 3 : Justice, l'intérêt d'un ordre mondial.)

Cette réalité tragique se traduit particulièrement pour les plus démunis, qui paient toujours le prix le plus lourd de l'après-guerre. Par ailleurs, le monde a désormais compris que la détention d'une bombe confère un pouvoir absolu. De nombreux pays ont d'ailleurs observaient la situation entre la Russie et l'Ukraine avec une attention particulière, prêts à adopter une stratégie similaire. Si rien n'est entrepris pour contrer ce rapport de force tactique, d'autres dirigeants brandiront la menace nucléaire pour obtenir ce qu'ils convoitent. Sans un ordre régulateur, le monde s'exposera à une escalade permanente du mieux armé contre le moins armé, plongeant de nombreux pays dans une instabilité chronique, faite de tensions, de conflits latents et de guerres ouvertes.

« Et je souhaite vraiment me tromper. »

La peur d'un impact nucléaire poussera de nombreux pays à cesser d'investir, s'installant dans une léthargie protectrice qui essoufflera l'économie jusqu'à son effondrement. L'économie mondiale a déjà lourdement pâti de la pandémie de Covid-19, et le tableau actuel, marqué par la guerre, la famine et la pollution, n'augure aucun épanouissement immédiat.

> Chaque nation devra redoubler d'efforts pour améliorer ses conditions de vie.

Aussi, il ne faut pas oublier que l'industrie et l'économie forment une boucle perpétuelle.

« L'économie, c'est de l'énergie transformée. »

Sans énergie pour faire tourner les usines, l'économie s'arrête, les pays entrent en récession et les faillites se multiplient.

L'énergie est le moteur des industries, et ce sont ces mêmes industries qui créent l'économie. Si l'énergie vient à manquer, c'est tout l'édifice économique qui s'arrête. Systématiquement, les nations basculent alors dans la récession, les défauts de paiement s'enchaînent et les faillites se multiplient. Nous entrons alors dans un véritable CHAOS économique. Ce chaos, bien distinct des catastrophes climatiques, a pour auteur exclusif l'Homme lui-même.

Les multiples interactions et les compétences de chacun permettent à la société humaine de fonctionner. Aujourd'hui, les pays sont étroitement imbriqués et reliés par des flux économiques vitaux. Prenez l'exemple d'un fabricant de moteurs en Russie. S'il a besoin de composants électroniques spécifiques venant d'Europe, les sanctions appliquées à son pays nous impacteront indirectement. Si les moteurs ne peuvent plus être assemblés, ils ne nous seront jamais livrés. En conséquence, si l'entreprise européenne ne parvient pas à trouver rapidement de nouveaux débouchés, elle risque la faillite. Ce système produit un effet <u>boule de neige</u> qui se propage à tous les secteurs industriels.

L'influence négative sur le commerce n'apporte jamais rien de bon pour l'avenir. À court terme, on peut s'illusionner sur l'absence d'impact immédiat dans notre environnement proche. Pourtant, insidieusement, chaque citoyen finit par subir les conséquences collatérales. L'envolée des prix, l'inquiétude sur le moral général et le stress omniprésent dans les conversations quotidiennes. Les guerres ne font que détruire et alimenter l'incertitude d'un avenir paisible.

    L'impact sur les ressources alimentaires suit la même logique. Puisque la Russie et l'Ukraine sont parmi les premiers exportateurs de céréales au monde, de nombreux pays à faible revenu sont directement menacés. L'interruption des livraisons devient un puissant générateur de conflits sociaux, car ces populations se retrouvent privées de leur alimentation de base. Enfin, les banques, qui financent le commerce mondial, sont le dernier rempart. Si elles cessent de recevoir les paiements des grandes entreprises en difficulté, elles ne pourront plus subvenir aux besoins des simples citoyens. Il ne sera alors plus question d'injecter de l'argent virtuel provenant du FMI dans des caisses vides sans perspective de renflouage. À ce moment-là, le chaos économique sera définitivement acté.

Mais qu'est-ce que réellement LE CHAOS ?

Nous nous représentons fréquemment le chaos comme le signe précurseur de la fin des temps, une perspective dramatique qui suscite naturellement l'effroi. Pourtant, la réalité nous enseigne qu'il existe une pluralité de formes de chaos.

Une situation chaotique peut, en effet, découler d'une catastrophe majeure ou d'un cataclysme localisé venant perturber brutalement un écosystème. Cela ne signifie pas pour autant la disparition totale de l'humanité. Trop souvent, lorsque nous parlons de chaos, nous imaginons une extinction générale. Or, bien des crises restent circonscrites dans l'espace et dans le temps. Même les conflits les plus destructeurs n'anéantissent pas l'ensemble du vivant.

Parfois, le chaos se traduit simplement par un basculement radical de nos habitudes quotidiennes ou de nos structures sociales. Il n'est pas systématiquement un drame matériel. Il peut revêtir une dimension morale, politique ou organisationnelle. S'il n'implique pas toujours le sang, la maladie ou les flammes d'un désastre visible, il engendre une déstabilisation collective assez profonde pour marquer durablement la mémoire d'un peuple.

Même dans l'hypothèse extrême où de nombreuses bombes nucléaires exploseraient simultanément, les dégâts seraient immenses, les pertes humaines tragiques, et les souffrances considérables. Pourtant, la vie ne disparaîtrait pas partout. Là où les bombes n'auraient pas frappé, elle continuerait de se développer. Et si l'on se projetait à une ou deux générations plus tard, il est probable que le vivant se serait réorganisé, que les sociétés survivantes auraient appris de leurs erreurs et reconstruit autrement.

La perception du chaos varie selon la sensibilité de chacun, changeant de définition ou de gravité en fonction du regard porté. Une certitude demeure toutefois. L'humanité n'est pas condamnée à passer par la destruction pour évoluer. Il existe des alternatives bien moins violentes pour transformer notre monde.

> « Dans une civilisation véritablement évoluée et intelligente, le chaos ne devrait tout simplement pas avoir de place. »

L'Homme a toujours été le théâtre d'une lutte entre le bien et le mal. Bien qu'il soit majoritairement tourné vers le bien, son action est souvent entachée par l'influence d'individus qui ne le sont pas. Sans recul, l'être humain ne saisit pas toujours la portée dévastatrice de ses mauvaises actions sur l'équilibre général. Trop fréquemment, il privilégie son profit immédiat, érigeant son intérêt personnel en priorité absolue, souvent au détriment des plus vulnérables.

L'Homme semble ignorer les dangers systémiques qu'il fait peser sur son environnement. Il fait preuve de grandeur lorsqu'il le décide, mais s'avère bien petit lorsqu'il choisit la médiocrité.

À tous les échelons de la société, l'individu manipule, détourne et triche dans l'unique but d'accumuler des richesses. Tant qu'il n'est pas confronté à ses fautes, notamment dans des pays où l'absence de lois et de sanctions réelles permet l'impunité, il persiste dans ses travers. Il continue d'abuser de son autorité jusqu'à ce que le déséquilibre devienne tel que le chaos s'impose de lui-même. Ce n'est pas une volonté consciente de sa part, mais une incapacité flagrante à anticiper les conséquences futures.

Bien souvent, les dirigeants qui déclenchent les conflits manquent de vision à long terme, car ils sont prisonniers de l'instant présent. Leur quête est celle du pouvoir pur. Il n'existe d'ailleurs aucune guerre qui ne cache, sous un prétexte ou un autre, cette soif de domination. Ce pouvoir prend des formes multiples. Il s'obtient par le trafic, la terreur ou l'endoctrinement, mais le but final reste invariablement l'enrichissement personnel.

> La faiblesse de l'Homme, est qu'il ne comprend pas, tant qu'il ne tombe pas.

Tant qu'il n'est pas tombé, il continuera indéfiniment ces mauvaises actions. À tous les niveaux et tant que cela fonctionne. Il utilisera son pouvoir, il mettra en avant sa force, sa supériorité sur les plus faibles, puis un jour, il tombera.

Dans le monde des Hommes, rien ne dure éternellement. Et quand cet équilibre est rompu, le Chaos s'installe.

Tant qu'il demeure debout, il perpétue ses méfaits, utilisant sa force pour écraser les plus faibles, jusqu'au jour inévitable où son propre système s'effondre.

Dans l'univers des Hommes, rien ne saurait durer éternellement sans un fondement juste. Dès que l'équilibre est rompu, le chaos s'installe comme un régulateur brutal. Tant qu'un modèle de société n'est pas équitablement partagé et respecté par tous, le déséquilibre persistera, menant tôt ou tard à un bouleversement majeur, qu'il soit passager ou dramatique. L'Homme apprend de ses échecs, mais au fil des siècles, il finit par oublier les leçons du passé pour recommencer les mêmes erreurs.

> « Tel un enfant qui tombe pour apprendre à marcher, l'Homme doit tomber pour mieux se relever et continuer à avancer. »

À force de fonctionner en abusant de tout et de tous, comment pourrait-on s'étonner de l'émergence d'un Chaos ?

Il est impératif de réaliser que tôt ou tard, l'accumulation des dérives à tous les niveaux, combinée à l'impuissance d'une justice étouffée par un système qui la prive de ses moyens d'action, finit par produire une rupture. Parmi nous évoluent des coupables, certains de petite envergure, et d'autres bien plus massifs. Ces individus ont pleine conscience de leurs actes. Bien souvent, ils ne croient en aucune divinité et tirent leur fortune d'actions qui génèrent une profonde misère. Ils se rendent ainsi complices de méfaits perpétrés par des acteurs plus modestes. Quel que soit leur rang social, ils s'organisent pour assouvir leurs ambitions, persuadés de ne jamais être inquiétés par une police qui compte parfois, elle aussi, ses propres éléments corrompus.

> SI VOUS SAVIEZ CE QUI SE CACHE RÉELLEMENT DERRIÈRE LE MAL !

Malheureusement, pour que les Hommes saisissent enfin la valeur de l'existence, le monde semble condamné à subir un choc. Pour parvenir à une véritable amélioration de la condition humaine, trois voies seulement semblent se dessiner.

- La première consisterait à organiser un sommet international sans précédent, une réunion mondiale visant à mettre en lumière les réseaux mafieux, les trafics de stupéfiants, les cercles pédocriminels où des enfants sont abusés par des adultes lors de soirées privées, les escroqueries financières et les abus de pouvoir. Un nettoyage radical doit être entrepris pour rééduquer ces coupables qui propagent le mal et nous poussent vers le gouffre.

- La deuxième voie reposerait sur une intervention divine globale, capable d'apporter la preuve irréfutable à ceux qui doutent de l'après-vie que leurs actions terrestres auront des conséquences directes sur leur âme, laquelle n'aura sans doute pas une éternité paisible.

- Enfin, la troisième voie serait celle d'une phase de Chaos subie, une épreuve nécessaire pour apprendre de nos erreurs et n'en vouloir qu'à nous-mêmes, afin de comprendre, à travers la douleur, l'essentiel de la vie.

« Après le chaos, il y a toujours une renaissance. »

Même si le monde évolue sans cesse depuis l'apparition de l'humanité, il est désolant de constater qu'à chaque effondrement, la reconstruction qui suit, améliore de façon spectaculaire les avancées dans tous les domaines.

L'Europe moderne illustre parfaitement ce cycle. La France et l'Allemagne se sont livré des guerres atroces en 14/18, puis en 39/45. Jusqu'alors, les nations étaient fragmentées, les frontières closes et chaque pays s'enfermait dans sa monnaie et ses lois propres. Ce n'est qu'après ces désastres que l'Europe a été rassemblée. Les frontières se sont ouvertes, la monnaie est devenue unique et les législations se sont harmonisées. L'Allemagne, bien qu'écrasée, a vu son industrie devenir la plus performante au monde dans les trente années suivantes. Ce fut également le cas pour le Japon après le traumatisme de l'arme nucléaire. C'est juste après l'un des plus grands chaos de l'histoire que ces pays ont prospéré, inventant des technologies que nous utilisons encore aujourd'hui.

Mais qu'est-ce qui nous permet d'être meilleurs après une telle décadence ?

Pourquoi les grandes évolutions humaines sont-elles systématiquement liées à des catastrophes ?

Pourquoi n'arrivons nous pas à avancer intelligemment sans nous opposer, sans nous critiquer ?

Est-ce la conséquence d'un abrutissement généralisé, d'un manque d'éducation, qui prive l'Homme d'un raisonnement équilibré ?

Serions-nous devenus intellectuellement faibles, au point de devoir subir un chaos pour évoluer ?

Combien de crises notre civilisation doit-elle encore endurer ?

L'histoire passée ne nous a donc pas servi de leçon ?

FIN

Table des matières

Information 6

QR Code / Adresse du site dédié 8

Avant-propos 11

Chapitre I
Comprendre l'Homme pour Éviter la Guerre 15

Chapitre II
L'Homme Face à Lui-même 31

Chapitre III
L'Éducation, Contre le Mal-être et la Violence 51

Chapitre IV
Les Fondations d'une Civilisation Stable.................. 79

Chapitre V
Organisation Sociale et Ordre Mondial 115

Chapitre VI
Choisir son Meilleur Dirigeant................................. 157

Chapitre VII
La Contribution des plus Riches de ce Monde 183

Chapitre VIII
Vers une Monnaie Numérique Unique 201

Chapitre IX
L'Ombre du Cataclysme 223

Table des matières 251

REMERCIEMENTS 253

Ouvrages de la collection et + ... 254

REMERCIEMENTS

Chères Lectrices, Chères Lecteurs, Chers Amis.

Nous y sommes.
Écrire pour vous alerter et vous proposer des solutions pour notre futur n'a pas été un long fleuve tranquille. Dans un monde qui préfère parfois l'illusion à la réalité, votre présence à mes côtés pour ce **Tome 4** est une immense victoire. Je vous remercie sincèrement de m'avoir suivi jusqu'au bout de cette étape de la collection.

Cette aventure littéraire ne prend tout son sens que si elle est lue dans sa globalité ; si ce n'est déjà fait, je vous invite à découvrir l'ensemble de la fresque **« NE ME CROYEZ PAS ! »**. Les points clés que nous avons abordés ensemble sont les leviers de notre survie collective. Vous avez une place centrale dans ce projet : c'est pour vous, et grâce à vous, que je poursuis ce travail de veille citoyenne.

Merci pour votre temps, votre intelligence et votre soutien indéfectible. Continuez à faire vivre ces idées en partageant vos critiques et vos avis.

VOUS AVEZ AIMÉ CE LIVRE ?
Vous aimerez également les autres ouvrages de l'Auteur : **PATRICK LALEVÉE**

Tome 1 : Liberté, Surpopulation et Décadence 2020-2120.

Tome 2 : Covid-19, la Manipulation Française.

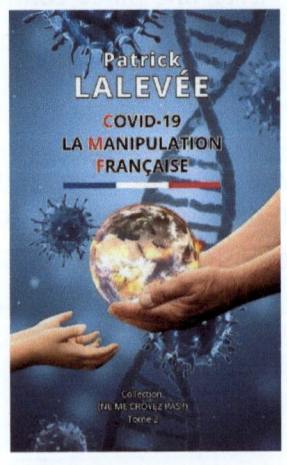

Tome 3 : Justice, l'Intérêt d'un Ordre Mondial.

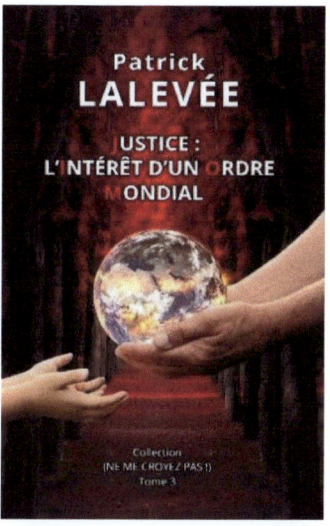

---•---

PROLONGEZ L'EXPÉRIENCE EN LIGNE

Mon travail de recherche ne s'arrête pas aux pages des livres de la collection « **NE ME CROYEZ PAS !** ». D'autres ouvrages sont à votre disposition sur le site :

patricklalevee.com

Vous y trouverez d'autres thématiques bien différentes, avec des liens vers des vidéos exclusives, des documents et les images sources de mes enquêtes pour porter un autre regard sur l'actualité mondiale.

---•---